權力、榮耀與愛情交織，一襲嫁衣，承載千年風華

鳳冠霞帔

佩飾藝術與文化內涵

肖東發　主編
鐘雙德　編著

從皇室到民間，見證千年變遷
華美婚服背後，藏著女性命運

千年嫁衣不只美麗，更是文化象徵
細數鳳冠霞帔演變，解鎖嫁衣祕辛

目錄

■ 序言

■ 佩飾起源：飾物的最初意義

    遠古佩飾的誕生：從實用到審美 ……………009

    黃帝與服飾制度的奠基 ………………………017

    夏商周時期的服飾制度與章服 ………………023

    商周時期的佩飾藝術與等級象徵 ……………031

    春秋戰國的飾品演變：風格與工藝 …………040

■ 風格演進：潮流變遷中的裝飾美學

    秦漢時期的服色與佩飾風尚 …………………053

    秦漢時代的髮型演變與頭飾藝術 ……………061

    秦漢時期的化妝技術與審美標準 ……………072

    魏晉南北朝的服飾紋樣與美學 ………………079

    魏晉南北朝女子髮型的時尚變遷 ……………085

    魏晉南北朝的首飾藝術與設計 ………………092

目錄

魏晉南北朝的化妝潮流與審美觀念⋯⋯⋯⋯⋯099

隋唐時期的服飾特色與流行風尚⋯⋯⋯⋯⋯106

隋唐時期的首飾佩飾工藝發展⋯⋯⋯⋯⋯⋯113

唐代女子的華麗妝容與化妝技術⋯⋯⋯⋯⋯122

唐代婦女的髮型演變與社會審美⋯⋯⋯⋯⋯128

■ 多元融合：千變萬化的佩飾風格

兩宋時期的服飾設計與審美轉變⋯⋯⋯⋯⋯137

宋代女子的髮型與化妝風格⋯⋯⋯⋯⋯⋯⋯142

遼金西夏服飾的民族特色與融合⋯⋯⋯⋯⋯149

元代服飾紋樣與佩飾的發展⋯⋯⋯⋯⋯⋯⋯154

元代男女頭飾的豐富與多樣性⋯⋯⋯⋯⋯⋯160

■ 華麗綻放：時尚審美與精緻工藝

明代靈活多變的服飾紋樣與設計⋯⋯⋯⋯⋯167

明代民間佩玉習俗與文化傳承⋯⋯⋯⋯⋯⋯172

明代婦女的髮式與髮飾流行趨勢⋯⋯⋯⋯⋯177

清代服飾圖案的獨特美學與寓意⋯⋯⋯⋯⋯182

清代后妃的華貴飾物與宮廷妝容⋯⋯⋯⋯⋯187

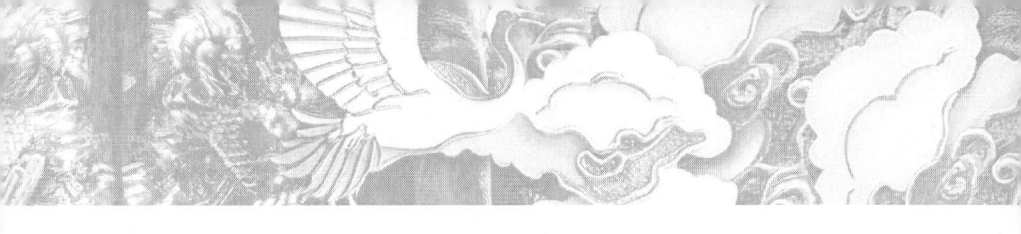

序言

　　浩浩歷史長河，熊熊文明薪火，中華文化源遠流長，滾滾黃河、滔滔長江，是最直接源頭，這兩大文化浪濤經過千百年沖刷洗禮和不斷交流、融合以及沉澱，最終形成了求同存異、兼收並蓄的輝煌燦爛的中華文明，也是世界上唯一綿延不絕而從沒中斷的古老文化，並始終充滿了生機與活力。中華文化曾是東方文化搖籃，也是推動世界文明不斷前行的動力之一。早在 500 年前，中華文化的四大發明催生了歐洲文藝復興運動和地理大發現。中國四大發明先後傳到西方，對於促進西方工業社會發展和形成，曾帶來了重要作用。

　　中華文化博大精深，是各族人民五千年來創造、傳承下來的物質文明和公德心的總和，其內容包羅萬象，浩若星漢，蘊含豐富寶藏。中華文化薪火相傳，一脈相承，弘揚和發展五千年來優秀的、光明的、先進的、科學的、文明的和自豪的文化現象，融合古今中外一切文化精華，建構具有特色的現代民族文化，展示中華民族的文化力量、文化價值、文化形態與文化風采。

序言

　　為此，在相關專家指導下，我們收集整理了大量古今資料和最新研究成果，特別編撰了本套大型書系。主要包括獨具特色的語言文字、浩如煙海的文化典籍、名揚世界的科技工藝、異彩紛呈的文學藝術、充滿智慧的中國哲學、完備而深刻的倫理道德、古風古韻的建築遺存、深具內涵的自然名勝、悠久傳承的歷史文明，還有各具特色又相互交融的地域文化和民族文化等，充分顯現了厚重文化底蘊。

　　本書縱橫捭闔，採取講故事的方式進行敘述，語言通俗，明白曉暢，形象直觀，古風古韻，格調高雅，具有很強的可讀性、欣賞性、知識性和延伸性，能夠讓讀者們感受到中華文化的豐富內涵。

肖東發

佩飾起源：
飾物的最初意義

佩飾起源：飾物的最初意義

　　中國古代先民在舊石器時代，就將貝殼、玉石、獸骨以及果核等物串在一起佩戴在身上，他們相信這些東西能夠辟邪，有些作為財富的象徵。還有一些作為隨身攜帶的工具。原始佩飾藝術的萌芽，說明人們已注意到人體整體的裝飾美。

　　上古黃帝時期，不僅有上衣下裳之制，還有衣飾、頭飾、鞋飾等的規定。夏商周時期定制的「十二章」紋樣具有開創意義，而春秋戰國時期佩飾藝術的禮教、等級及工藝都發展到了一個新的階段。此時對美的追求，使中國古代服飾及制度逐步形成並流傳下來。

遠古佩飾的誕生：從實用到審美

中國古代的佩飾行為始於舊石器時期，當時的人們將許多小物件佩戴在身上，其材料主要為石英石、礫石、石墨、瑪瑙、黑曜石，還有獸牙和蚌殼等其他材質。

原始人類從頭部到頸部、胸部、手部都有佩飾，說明當時的人們已注意到人體整體的裝飾美，反映了當時人們對美的追求與渴望。距今約1.8萬年前的舊石器時期晚期的山頂洞人，已經學會用骨針縫製獸皮的衣服，並用獸牙、骨管、石珠等做為飾品裝扮自己。

在山頂洞人遺址曾發現穿孔的獸牙125枚，以獾的犬齒為多，狐狸的犬齒次之，並有鹿、狸、艾鼬的牙齒和一枚虎牙，均在牙根一端用尖狀器刮削成孔，出土時，發現有五枚穿孔的獸牙是排列成半圓形的，顯然是原來穿在一起的串飾。另有骨管、帶孔蚌殼、青魚上眼耳、礫石、石珠10餘枚，其小孔是從兩面對鑽的，這是鑽孔技術發展到一定水準的象徵。

在山頂洞出土了一枚磨得細長，一端尖銳，另一端有直徑

佩飾起源：飾物的最初意義

1毫米的針孔的骨針，針長82毫米，針粗直徑3.1毫米至3.3毫米，這是縫製獸皮衣服的工具。縫線可能是用動物韌帶劈開的絲筋，中國鄂倫春族人還保留著這種古老的縫製方法。

後來考古發現，山頂洞人所佩戴飾品的穿孔邊沿，幾乎都帶有紅色附著物，似乎他們將所穿戴飾物都經過赤鐵礦的研磨粉染過。山頂洞人不僅關心現實生活的美，而且逐漸懂得表達對死者的關懷，他們將死去的親人加以埋葬並舉行儀式，還在死者身邊撒下紅色赤鐵礦粉末，表示祭祀或標記。

紅色在原始人意識中是血液的象徵，失去血液便失去生命，使用紅色有祈求再生之意，說明原始人的色彩觀念是和原始宗教觀念交織在一起的。

中國原始民族這種愛美的觀念，貫穿於當時人們的整個生活之中。到了距今大約5,000年前的新石器時期，人類社會正處於文明起源階段，而人類萌發審美意識，是人類文明史上的一次飛躍。

這一時期，人們的佩飾更加豐富，形式已不限於項鍊、腰飾等，還出現了笄、梳篦、指環、玉塊、手鏈等。佩飾的材質也相當豐富，僅出土的梳篦的材質就有骨、石、玉、牙等。

另外還出現了一種極具特色的佩飾，被稱為「帶鉤」。帶鉤就是腰帶的掛鉤，最初多用玉製成，發展到春秋戰國時期最

為盛行，材料也更加豐富。

中國古代佩飾主要分為兩大類：其一，固定的佩飾。即直接在人的皮膚上刺繪紋飾，或人為使局部肌肉結疤及人體局部變形、缺損等人體佩飾形式，如繪身、紋身和割痕、燙痕和拔牙等。

其二，不固定的佩飾。即指一切人體上穿戴、佩帶或附著於人體上的經過加工的佩飾品。如在人體上佩帶各種材質的帶飾、條飾以及環飾等。

繪身，即繪畫身體以為佩飾，這種風俗極為常見。繪身的主要顏色是紅色，因為紅色似乎特別為原始民族所喜愛。

在西安半坡仰紹文化遺址中出土的兩件彩陶盆底所繪的人面魚紋，二者面部均繪有彩紋，局部塗彩，位置又同是人面的頰部和額頭，頰部圖案也相同，唯額部圖案有差異，前者中間留倒三角形空白，後者左上角留月牙形空白。

又如寶雞北首嶺仰紹文化遺址出土的一件施紅彩的彩塑人頭像和遼寧牛河梁紅山文化女神廟遺址出土的一件施紅彩的彩塑人頭像等。這些都證明史前人類有著塗朱或繪面的風俗。

由於身體上的繪畫容易褪色，因此就產生兩種方法能夠使紋飾永久性地保留在身上，這就是紋身和割痕。

紋身的方法是用帶尖鋒的工具點刺皮膚，使其成為連續的

佩飾起源：飾物的最初意義

點狀圖案，然後將所需染料渲染在點狀團內，待炎症過後，顯出的紋樣便不再褪落。

在安徽蚌埠雙墩新石器時期中期遺址出土了一件模擬男童塑造的陶塑紋面人頭像，額頭正中用小圓頭器物戳印「一」字形排列的5個小酒窩，左右對稱，以表示紋面，其年代與西安半坡仰紹文化遺存的年代相當。證明早在新石器時期中國已有紋面的風俗。

古代文獻中也有大量對紋身的記載，例如《漢書‧西南夷傳》中就記載西南地區少數民族「刻畫其身，像龍紋。」《隋書‧東夷傳》載「婦人以墨黥手，為蟲蛇之紋。」而在後來一些民族中，紋身屢見不鮮。

特意拔掉側門牙、犬牙或中門牙，人為造成缺損，也人體佩飾的一種。在中國發現有拔牙習俗的原始文化及遺址有許多處。

有資料說明，拔牙習俗最早產生並流行於大汶口文化時期，最盛行的當數黃河下游的魯南、蘇北一帶，直至近代，拔牙之俗還保留在雲貴川地區的某些少數民族當中。

至於人體上的不固定佩飾，在中國史前各類文化遺址中多有發現。從材料上看，有石、綠松石、玉、瑪瑙、牙、蚌、骨、陶等，從種類上看有環、珠、墜、串、笄等，其數量更是

不勝其數,從佩飾的部位來分有頭飾、頸飾、肢體飾等。

中國新石器時期文化遺址中有大量頭飾出土,頭飾包括頭髮、額部和耳垂的佩飾。梳妝用品發現有梳、笄、約法器等,說明當時人們已不再是披頭散髮的了,而是已採用梳子梳理,並用笄或整髮器束成一定的髮型,額部套上頭串飾,耳懸耳墜。

史前人類的髮飾是多種多樣的。元君廟仰紹文化墓地出土的笄,大都位於婦女頭頂,長達二三十公分;青海大通縣孫家寨馬家窯文化出土的彩陶盆內壁所繪人物的腦後都有一束髮狀物。

頸飾的飾物可謂最多。上海青浦福泉山良渚文化墓地2號墓主的胸部,發現有1串由47顆玉珠、6件玉錐形墜和2件玉管串連而成的項飾;北陰陽營遺址發現人骨頜下有玉璜或瑪瑙的項飾。

肢體飾即臂與腿的佩飾,它類似於頸飾。原始人所佩帶的環帶等飾物很多,手腕、腳腕上特別豐富,腰部也多繫帶以為佩飾。

中國古代佩飾藝術如同無聲的語言,默默地告訴我們,當時的人們是如何在簡陋的生活條件下頑強的追求美、塑造美的。古代先民的這種對美的渴望與追求,使人們既改變了自己,又美化了生活,從而一步步地邁向文明社會。

佩飾起源：飾物的最初意義

【旁注】

舊石器時期：距今約 300 萬年至距今約 1 萬年，以使用打製石器為代表的人類物質文化發展階段。中華文明的萌動，從 170 萬年以前的元謀猿人就已經開始了。考古發現證明，元謀人使用石器捕獵，確證了中國古人類的歷史起源和存在。

新石器時期：在考古學上屬於石器時代的最後一個階段，以使用磨製石器為代表的人類物質文化發展階段。屬於石器時代的後期，年代大約從 1.8 萬年前開始，結束時間在西元前 5000 多年至西元前 2000 多年不等。中國大約在西元前 1 萬年就已進入新石器時期。

仰韶文化：黃河中游地區重要的新石器時代文化。因 1921 年在河南三門峽澠池仰韶村被發現故被命名為仰韶文化。仰韶文化以河南為中心，東起山東，西至甘肅、青海，北到河套內蒙古長城一線，南抵江漢。當前在中國已發現上千處仰韶文化的遺址。

紅山文化：是距今一個五六千年間在燕山以北、大凌河與西遼河上游流域活動的部落集團創造的農業文化。紅山文化遺存最早發現於 1921 年。1935 年對內蒙古赤峰紅山后遺址進行了發掘，1954 年提出了紅山文化的命名。經過大規模的發掘，使紅山文化研究進入一個新的階段。

大汶口文化：屬於新石器時代文化。因在山東泰安大汶口遺址而得名。分布地區東至黃海之濱，西至魯西平原東部，北達渤海南岸，南到江蘇淮北一帶。另外該文化類型的遺址在河南和皖北亦有發現。大汶口文化年代距今約6,300年至4,500年。

馬家窯文化：1923年首先發現於甘肅省臨洮縣的馬家窯村，故名。馬家窯文化是仰紹文化向西發展的一種地方類型，出現於距今五千七百多年的新石器時間晚期，有石嶺下、馬家窯、半山、馬廠等四個類型。主要分布於黃河上游地區及甘肅，青海境內的洮河、大夏河及湟水流域。

良渚文化：分布的中心地區在太湖流域，而遺址分布最密集的地區則在太湖流域的東北部、東部和東南部。屬於新石器時期文化。該文化遺址最大特色是所出土的玉器種類繁多，挖掘自墓葬中的玉器包含有璧、琮、鉞、璜、冠形器、三叉形玉器、玉鐲、玉管、玉珠、玉墜、柱形玉器、錐形玉器、玉帶及環等。

【閱讀連結】

當地球經過最後一次嚴寒的冰期即大理冰期之後，迎來了全新世冰後期溫暖的氣候環境，中華民族的祖先繼承了漫長的舊石器時代累積的經驗，進入了農耕畜牧，改變被動向大自然覓取食物為主動生產繁殖生活資源的階段。

佩飾起源：飾物的最初意義

在當時，人們營造房屋，改變穴居方式，男子出外狩獵、打製石器、琢玉；女子從事採集、製陶、發明紡麻、養蠶繅絲、紡織毛、麻、絲布以及縫製衣服。改變了原始的裸態生活，進步為戴冠衣裳、佩戴首飾的文明啟蒙階段。

黃帝與服飾制度的奠基

黃帝生活在新石器時期，是當時的氏族部落首領。在與其他部落的戰爭中，黃帝打了很多勝仗，統一了很多部族，並取得了領導地位。

在當時，黃帝看到人們穿著不堪，既不雅觀，也因衣不蔽體而飽受寒冬酷暑的折磨，就教人們把裹身的獸皮麻葛分成上下兩部分，上身為「衣」，縫製袖筒，呈前開式，下身為「裳」，前後各圍一片起遮蔽之用。同時還確立，黑中帶紅的玄色為上衣的顏色，黃色為下裳的顏色。

黃帝不僅開創了「上衣下裳」的服裝形式，還發明了鞋帽及其飾品。

有一年冬天，黃帝派大臣胡巢和於則兩人進山打獵。在山林裡，獵人們個個腰纏獸皮，赤腳露頭，每天在山林裡和野獸搏鬥，獲得了大量獵物。在他們準備返回的時候，氣候突然變得更加寒冷起來，儘管他們燃起熊熊篝火，但仍然抵擋不住嚴寒的侵襲。

佩飾起源：飾物的最初意義

　　由於天氣酷寒，胡巢帶領的 50 多名打獵的同伴，在一夜之間，就有 20 多人耳朵被凍掉。於則帶領的 30 多人，有一半人雙腳被凍爛，無法行動。

　　在一望無際的深山野林裡，怎樣才能避免更多人被凍傷呢？胡巢正為此著急時，發現眼前的一片樹林裡，樹杈上架著不少鳥窩，冬天來臨後，鳥又飛到溫暖的地方去了，現在樹杈上的鳥窩都是空的。

　　胡巢隨手拿起一塊石頭，看準樹上的一個鳥窩用力甩去，一下子就把鳥窩打下來了。他撿起來仔細看了看，又用手在鳥窩裡外摸了摸，發現鳥窩雖然是用細草和動物毛髮織成的，即綿軟、又暖和。他隨手就幫身邊一個凍掉耳朵的人戴在頭上。

　　周圍其他人看到後，也紛紛上樹去摘鳥窩，不大工夫，人人頭上都戴上了鳥窩，這樣，再也不會凍掉耳朵了。

　　於則帶領的另一路打獵隊伍，遇到了大風雪。他們光著腳板行走在深雪裡，已經凍得麻木，不能繼續前進了。於則坐在一棵大樹下，心急如火，他自己兩隻腳也凍得快要失去知覺了。為了活動取暖，於則兩隻腳不停地往一棵大樹上蹬。

　　不知蹬了多長時間，於則感到自己的腳似乎蹬進樹身裡了，開始他還不相信，人的腳怎麼能蹬進樹身裡呢？但他仔細一看，用手摸了摸才發現，原來這棵樹的樹心非常綿軟，只是外

麵包著一層硬皮。

於是，於則靈機一動，馬上動員大家一齊動手，把這樹砍倒，截成二尺長的短節，每人根據自己腳的大小，用刀將內部掏空，再往裡邊塞些乾草，穿在腳上，既鬆軟，又暖和。走起路來雖然有些不便，但畢竟比光著腳在雪裡行走要好多了。

不到半天時間，30多名打獵人腳上都穿上了這種用軟木做的木屐。他們再也不怕在冰天雪地裡凍壞雙腳了。

當胡巢和於則帶領的兩支打獵隊伍，抬著各種獵物回來的時候，黃帝親自帶領臣民遠道迎接。

人們發現打獵回來的人，有的頭戴鳥窩，有的腳穿木屐，腰纏獸皮，顯得格外威武，連黃帝也覺得很奇怪。胡巢和於則就把他們進山的經過一一向黃帝作了彙報。

黃帝聽後，大加讚揚，決定替胡巢和於則各記一功，命倉頡替他們刻字留名，黃帝命令把頭上戴的鳥窩叫「帽子」，把腳上穿的木屐叫「鞋」。

據史籍《尚書大傳‧略說》記載：「黃帝始制冠冕。」為了讓臣民人人頭上都有帽子戴，個個腳上都有鞋穿，黃帝將帽子和鞋進行改進，做進一步推廣，並為其定下制度。

隨著社會的不斷發展，黃帝不僅制定服飾之制，命名帽子和鞋等人們生活的必需品，還包括很多當時人們不以為然的飾

佩飾起源：飾物的最初意義

品，並且發揮著異乎尋常的作用。比如先秦時期史官修撰的《世本》中說：「黃帝作冕，垂旒，目不邪視也；充纊，耳不聽讒言也。」意思是說，黃帝制定冠冕制，在冠冕的前後垂有用絲繩繫的玉串，讓雙眼不要看邪惡的事物；在冠冕兩旁用塞以麻縷絲絮作為飾物，讓兩耳不要聽讒言和不義的話。

黃帝在冠冕上增加這些佩飾，既是在警示君王要眼睛明察秋毫、耳朵善納諫言，也用以區別人的尊卑，同時表達了追求美的願望。

從那時起，服飾就發揮著保護和裝飾人體等功能。黃帝對衣飾、頭飾、鞋飾的規定，不僅象徵性地體現了古代先民的等級以及審美觀念，更使人們的服飾較以前大為改觀，增強了服飾的實用性。從此以後，人類服飾及其制度就開始發展起來。

【旁注】

氏族：原始社會中以相同的血緣關係結合的人類社會群體，其成員出自一個共同的祖先。大約產生於舊石器時代中、晚期。氏族成員的地位平等，集體勞動，平均分配，財產共用。公共事務由氏族首領管理，重大事務由氏族成員組成的氏族會議決定。一般具有共同的圖騰。

於則：則，是黃帝的裔孫，古發明家，發明了用麻編織的

鞋子，結束了人們光著腳走路的歷史，因功被封於，所以被稱為於則。於則的子孫後代以封地為姓，稱為於氏。通常認為，於則是於姓的始祖。

倉頡：史皇氏，陝西渭南白水人。據中國古代漢字工具書《說文解字》記載：倉頡是黃帝時期造字的史官，被尊為「造字聖人」，被後人尊為中華文字始祖，但普遍認為漢字由倉頡一人創造只是傳說，不過他可能是漢字的整理者。文字一出，人類從此由蠻荒歲月轉向文明生活。

《世本》：又作《世》或《世系》。世是指世系；本則表示起源。是一部由先秦時期史官修撰的，主要記載上古帝王、諸侯和卿大夫家族世系傳承的史籍。全書可分〈帝系〉、〈王侯世〉、〈卿大夫世〉等15篇。後世許多重要史書都曾引用和參考《世本》中的內容。

【閱讀連結】

黃帝少年時思維敏捷，成年後聰明堅毅。當時蚩尤暴虐無道，兼併諸侯，酋長們互相攻擊，戰亂不已。炎帝無可奈何，求助於黃帝。黃帝毅然肩負起安定天下的責任，在涿鹿打敗蚩尤，被諸侯尊為天子，取代炎帝，成為天下的共主。因有土德之瑞，故稱為黃帝。

佩飾起源：飾物的最初意義

　　黃帝在生產生活方面有許多創造發明。其中在縫織方面，黃帝發明了機杼，進行紡織，製作衣裳、鞋帽、帳幄、氈、袞衣、裘、華蓋、盔甲、旗、胄等，並開啟了中國服飾制度的先河。

夏商周時期的服飾制度與章服

黃帝制定的服飾制度，到了夏商周時期有了進一步的發展，主要特點是在服裝上繪繡紋飾，以服飾象徵王權及等級。同時，鞋帽佩飾和戎服佩飾也日益豐富。

奴隸社會把君王稱作「天子」，是奴隸制國家最高的統帥，這時的章服之制，也是以君王的冕服為中心的。

據史載，夏王禹平時生活節儉，但在祭祀時，則穿華美的禮服黼冕，以表示對神的崇敬。商代的伊尹曾經戴著禮帽，穿著禮服，迎接嗣王太甲回到亳都。這兩例故事都反映了當時奴隸主貴族穿著冕服舉行重大儀式場景。

周代服制是在繼承前代傳統的基礎上又有了變革和發展，制定了章服制度，在紋飾上最重要的是國王袞服上面的「十二章」紋樣，它包括日、月、星辰、山川和龍、華蟲、藻、火、粉、米、黼和黻十二種自然萬物之精華以及先民創造的圖騰龍和米等生活用品。

十二章紋樣的題材早已有之，原始社會的人們就觀察到：

佩飾起源：飾物的最初意義

日、月、星辰預示氣象的變化；山能提供生活資源；弓和斧是勞動生產的工具；火改變了人類的生活方式；粉米是農業耕作的果實；虎、猴、華蟲即紅腹錦雞是原始人狩獵活動接觸的物件；龍是中國許多原始氏族崇拜的圖騰象徵；黼和黻是垂在身前的長方形織物。

比如，中國原始彩陶文化中，日紋、星紋、日月山組合紋、火紋、糧食紋、鳥紋、蟠龍紋、弓形紋、斧紋、水藻紋等，就是最好的證明。

到了奴隸社會，由於奴隸主階級支配著生產資料，同時也就支配著意識形態。十二章題材被天子用作象徵權威的代表，成為了王權的代表。

周代國王在舉行各種祭祀時，要根據典禮的輕重，分別穿6種不同格式的冕服，總稱「六冕」。冕服就是由冕冠和禮服配成的服裝。冕服的服飾各有不同。

大裘冕是王祭祀昊天上帝的禮服，上衣繪日、月、星辰、山、龍、華蟲6章紋飾，下裳繡藻、火、粉米、宗彝、黼、黻6章紋飾紋，共12章。

袞冕是王之吉服，上衣繪龍、山、華蟲、火、宗彝5章紋飾，下裳繡藻、粉米、黼、黻4章紋飾，共9章。

鷩冕是王祭祀先公與饗射的禮服，上衣繪華蟲、火、宗彝

3章紋飾，下裳繡藻、粉米、黼、黻4章紋飾，共7章。

毳冕是王祭祀四望山川的禮服，上衣繪宗彝、藻、粉米3章紋飾，下裳繡黼、黻2章紋飾，共5章。

希冕是王祭祀社稷先王的禮服，上衣繡粉米1章紋飾，下裳繡黼、黻2章紋飾，共3章。希是繡的意思，故上下均用繡。

玄冕是王祭祀群小即林澤四方百物的禮服，上衣不加章飾，下裳繡黻1章紋飾。

除了十二章紋飾，冕冠佩飾也有了很大的變化。周天子的冕冠前後懸有木質延板，上塗玄色象徵天，下塗纁色象徵地。前後冕板各懸12旒，每旒貫12塊五彩玉，按朱、白、蒼、黃、玄的順次排列，每塊玉相間距離各1寸，每旒長12寸。用五彩絲繩為藻，以藻穿玉，以玉飾藻，故稱「玉藻」，象徵著五行生公克及歲月運轉。後來玉藻也有用白珠來做的。

冕冠的旒數按典禮輕重和服用者的身分而有區別，按典禮輕重來分：大裘冕和天子吉服的袞冕用12旒，每旒貫玉12顆；鷩冕用9旒，每旒貫玉9顆；毳冕用7旒，每旒貫玉7顆；希冕用5旒，每旒貫玉5顆；玄冕用3旒，每旒貫玉3顆。

按服用者的身分地位分，只有天子的袞冕用12旒，每旒貫玉12顆。公之服只能低於天子的袞冕，用9旒，每旒貫玉9顆；侯伯之服只能服鷩冕，用7旒，每旒貫玉7顆；子男之服只能

佩飾起源：飾物的最初意義

服毳冕，用 5 旒，每旒貫玉 5 顆；卿、大夫之服玄冕，按官位高低玄冕又有 6 旒、4 旒、2 旒的區別，三公以下只用前旒，沒有後旒。

凡是地位高的人可以穿低於規定的禮服，而地位低的人不允許越位穿高於規定的禮服，否則要受到懲罰。

周代國王的禮服除以上 6 種冕服的服飾之外，還有 4 種弁服及其服飾，即用於視朝時的皮弁、兵事的韋弁、田獵的冠弁和士助君祭的爵弁。

皮弁以五彩玉飾其縫中，白衣素裳；韋弁赤色，配赤衣赤裳；冠弁配緇布衣素裳；爵弁無旒，無前低之勢的冕冠，配玄衣纁裳。

除了天子本人的服飾變化很大外，周代王后的衣飾和頭飾也有了發展。王后的禮服與國王的禮服相配襯，也和國王冕服那樣分成 6 種規格，即褘衣、揄狄、闕狄、鞠衣、展衣、祿衣和素紗。前 3 種為祭服。褘衣是玄色加彩繪的衣服，揄狄青色，闕狄赤色，鞠衣桑黃色，展衣白色，祿衣黑色。揄狄和闕狄是用彩絹刻成雉雞之形，加以彩繪，縫於衣上作裝飾。

王后的 6 種禮服，其頭飾也是不同的。按照《周禮・天官》的說法，有「副、編、次、追、衡、笄」6 種，其中以副最盛飾，其他次之。

副是在頭上加戴假髮和全副華麗的首飾，編是在加戴假髮的基礎上加一些首飾，次是把原有的頭髮梳編打扮使之美化。追是動詞，衡和笄是束髮用的飾品，追衡笄是指在頭髮上插上束髮用的衡和笄。也有人把追釋為玉石飾物，衡懸於兩旁當耳之處，笄貫於髮髻之中。

　　除了天子和王后的佩飾，還有一般服裝及相應的佩飾，包括玄端、深衣、袍、襦、裘，以及舄履和軍戎服。

　　玄端自天子至士皆可穿，為國家的法服。其中諸侯的玄端與玄冠素裳相配，上士亦配素裳，中士配黃裳，下士配前玄後黃的雜裳，並用黑帶佩繫，與雜裳同顏色。

　　深衣一般用白布製作，是上衣與下裳連成一起的長衣服。在儒家理論上，說深衣的袖圓似規，領方似矩，背後垂直如繩，下擺平衡似權，符合規、矩、繩、權、衡五種原理，所以深衣是比朝服次一等的服裝。庶人則用它當作「吉服」來穿。後來到了春秋戰國時期，深衣開始盛行。

　　袍也是上衣和下裳連成一體的長衣服，但有夾層，夾層裡裝有禦寒的舊棉絮。如果夾層所裝的是新棉絮，則稱為「繭」。若裝的是劣質的絮頭或細碎枲麻充數的，稱之為「縕」。在周代，袍是作為一種生活便裝，而不作為禮服的。古代士兵也穿袍。

佩飾起源：飾物的最初意義

襦是比袍短一些的棉衣。如果是質料很粗陋的襦衣，則稱為「褐」。褐衣是勞動人民的服裝。

裘是材質貴重的服裝之一，例如天子的大裘採用黑羔皮來做，大人貴族穿錦衣狐裘。狐裘中又以白狐裘為珍貴。其次為黃狐裘、青狐裘、虎裘、貉裘，再次為狼皮、狗皮、老羊皮等。天子、諸侯的裘用全裘不加袖飾，下卿、大夫則以豹皮飾作為袖端。

商周時期，男女穿的鞋子是一樣的，有赤舄、黑舄、素履、葛履種種。履是單底的，舄是雙底的。屨是牙底相接處所鑲的赤色或黃色縫條。國王的舄可分三等，赤舄為上，白舄、黑舄次之。王后以玄舄為上，青舄、赤舄次之。

商周時期的軍隊已用銅盔和革甲等作為防身的裝備。甲衣也可加漆，用黑漆或紅漆以及其他顏色。甲衣外面還可再披裹各種顏色的外衣，稱為衷甲。由各種鮮明的顏色的衣甲和旗幟，組成威嚴的軍陣。

此外，商周時期的銅盔頂端還留有作為裝飾用的插羽毛的孔管，古時常常插鶡鳥的羽毛。鶡鳥的羽毛不僅非常漂亮，而且這種鳥兇猛好鬥，至死不怯，所以又象徵勇猛無敵。

【旁注】

伊尹：名伊，一說名摯，夏末商初人。曾輔佐商湯王建立商朝，被後人尊之為中國歷史上的賢相，奉祀為「商元聖」，是歷史上第一個以負鼎俎調五味而佐天子治理國家的傑出庖人。他創立的「五味調和說」與「火候論」，至今仍是中國烹飪的不變之規。被譽為「帝王之師」、「中華廚祖」。

袞服：是皇帝在祭天地、宗廟及正旦、冬至、聖節等重大慶典活動時穿用的禮服。中國傳統的袞衣主體分上衣與下裳兩部分，衣裳以龍、日、月、星辰、山、華蟲、宗彝、藻、火、粉米、黼、黻十二章紋為飾，另有蔽膝、革帶、大帶、綬等配飾。

五行生公克：是五行學說的一種觀點。認為宇宙是由金、木、水、火、土五種最基本物質構成的，它們不斷運動和相互作用。五行相生：木生火，火生土，土生金，金生水，水生木。五行相公克：木公克土，土公克水，水公克火，火公克金，金公克木。

玄端：為先秦時通用的朝服及士禮服，是華夏禮服「衣裳制度」的體現。後深衣流行後玄端逐漸廢止，後來明代恢復古玄端制而造「忠靖服」。因玄端服無章彩紋飾，也暗合了正直端方的內涵，所以這種服制稱為「玄端」。

佩飾起源：飾物的最初意義

深衣：是直筒式的長衫，把衣、裳連在一起包住身子，分開裁但是上下縫合，因為「被體深邃」，因而得名。通俗地說，就是上衣和下裳相連在一起，用不同色彩的布料作為邊緣，其特點是使身體深藏不露，雍容典雅。深衣是華夏服飾文化的代表。

【閱讀連結】

據司馬遷《史記‧孟嘗君列傳》記載：齊國貴族孟嘗君到秦國訪問時，送給秦昭王一件白狐裘，它的價格極為昂貴，舉世無雙。後來，秦昭王想扣留孟嘗君，孟嘗君只好求助秦王的寵妃。

於是寵妃提出要孟嘗君也送她一件白狐裘作為放行的條件，但是這種白狐裘只有一件，情急之下，孟嘗君的門客便學狗叫騙過衛兵，從秦王的倉庫中把白狐裘偷出來，送給秦王的寵妃，換得了放他們通行的命令，逃出秦國。從此，白狐裘在衣服中的聲價更是價值連城了。

商周時期的佩飾藝術與等級象徵

商周時期,奴隸主階級對佩飾極為重視,設立了專門的手工作坊來生產。人們透過髮飾、耳飾、頸飾、臂飾、佩璜等佩飾,極大地豐富了人們的物資生活和精神生活。

這個時期首飾佩飾製品有骨、玉、蚌、金、銅等,其中玉製品最為突出。周代奴隸主以美玉比喻人的品格,玉成為奴隸主貴族道德人格的象徵。

髮飾用來妝飾頭髮及頭部。商周時期妝飾頭髮主要用笄、簪和梳。笄有骨笄、蚌笄、玉笄、銅笄、金笄等,其形式也各有特點。骨笄、蚌笄、玉笄在中國在新石器時期就用以固定髮髻。考古發現證明,商周時期的笄從種類到材質都有了新的發展。

西周時期的笄在陝西長安灃河東西兩岸的周代都城豐鎬遺址,張家坡西周居住地遺址均有出土,有骨笄 700 餘件,有的在笄頂雕刻鳥紋,有的在頂端加圓錐形或平頂笄帽,有的再加飾骨環,有的加嵌綠松石裝飾。

佩飾起源：飾物的最初意義

周代男女都用笄，除固定髮髻外，也用來固定冠帽。古時的帽大可以戴住頭部，但小冠只能戴住髮髻，所以戴冠必須用雙笄從左右兩側插進髮髻加以固定。固定冠帽的笄稱為「衡笄」，周代設「追師」的官來進行管理。

衡笄插進冠帽固定於髮髻之後，還要從左右兩笄端用絲帶拉到頷下繫住。至於絲帶的顏色，天子的玉笄為紅色組紘，諸侯的玉笄為青色組紘，大夫、士的骨笄為黑色組紘。紘是冠冕上的帶子，由頷下向上繫於笄，垂者為緌。

用來固定髮髻的笄叫「鬠笄」。從周代起，女子年滿15歲便算成人，可以許嫁，謂之及笄。如果沒有許嫁，到20歲時也要舉行笄禮，由一個婦人幫適齡女子梳一個髮髻，插上一支笄，禮後再取下。

商周時期的笄大體可分為四種形式。圓柱體的笄身套接圓錐形笄帽，套接後在笄帽基部橫穿一孔穿過笄身，從這個孔插入骨樺予以固定。

用整塊肢骨磨成笄首呈梯形或正方形，側面呈扁形，笄首周邊有陰線刻紋的骨笄。這種笄多出於殷墟。

用整塊肢骨製作並在笄首刻高冠長尾的鳳鳥紋，還有在鳳鳥的眼、胸部位鑲嵌小寶石的骨笄，西安灃西出土的西周骨笄上還有在大鳥背上又立小鳥的造型。

在鄭州北郊的商代遺址、河南安陽晚商宮殿遺址及西安灃河西周遺址，均發現有笄首作夔龍紋、周圍透雕著鋸齒形缺口的笄，這枚笄全長 20 多公分，笄首長約 7 公分，特意突出了裝飾的作用。

笄後來改用金、銀、銅等金屬製作，針細頭粗，強調裝飾美化的作用，就逐漸演化為後來的簪了。

考古工作者在北京平谷劉家河商中期墓中挖掘出土一件金簪，長 27.7 公分，頭寬 2.9 公分，重 108.7 公克，截面為鈍三角形，尾部有長約 4 公分的榫狀小釘。

梳的形式到商周時期已很注意美觀，商代的梳有骨梳和玉梳。背部平直，中央有突起，梳身為長方形，是商代梳的基本特點。至周代梳背向弧形變化。

河南安陽婦好墓出土的骨梳，背面平直，背正中刻有一隻小鳥，身呈扁方形有線刻獸面紋為飾，其左右兩側鏤出棱脊戚齒紋，下面用一條曲折紋邊與梳齒相隔，梳齒已殘斷。

婦好墓出土的玉梳，一式在梳背雕兩隻相向而立的鸚鵡，有齒 15 枚，其中的 3 枚已斷去。另一式頂上有長方形突出，兩面雕獸面紋，8 齒。

用笄、簪和梳等梳妝工具做成的商代男女髮式很有特點。商代男子主要有辮髮盤頂的髮式。河南安陽殷墟婦好墓出土的

佩飾起源：飾物的最初意義

玉人，為商代男子髮式，以梳辮髮為主。

從出土文物的形象資料來看，這個時期的男子辮髮樣式較多，有總髮至頂，編成一個辮子，垂至腦後的；有左右兩側梳辮，辮梢捲曲，下垂至肩的；還有將髮編成辮子盤繞於頂的等等。

由於年代久遠，商代婦女的髮式資料非常珍貴，北京故宮博物院藏有一件商代透雕玉人佩，頭部非常寫實。頭上戴著帽箍，頭髮向後梳，並在頭頂兩側梳髮髻，其餘鬢髮自然下垂，兩鬢髮尾微向上卷成蠍尾形，在髮髻上插有對稱的鳥型髮笄。

這種鳥型髮笄多成雙出現，且多用於女子，含有成雙成對的寓意。這種梳雙髻，插雙笄的髮式，自商周以來，一直是未成年男女的髮式。

商周時期的耳飾有玦、瑱、瑞、環等，其中玦曾經在安陽婦好墓出土。這些耳飾除圓環形帶缺縫外，還有將環形演化成獸紋的。陝西寶雞福臨東周墓出土的 4 塊石玦，都散落在墓主人耳旁，河南洛陽中州路東周墓墓主人兩耳邊各有一片狀或柱狀石玦。

瑱是一種垂飾，有兩種佩戴方法，一種是從祭服冠帽左右兩方的衡笄用紞垂掛於兩旁正當耳孔之處。紞是冠冕上用來繫瑱的帶子。另一種是直接垂於耳上。當用於喪葬時，先在逝者

的耳朵裡塞一紫絲綿，再把瑱垂於逝者的耳孔上。

瑱是直接穿掛於耳上的耳飾，在天津薊縣圍紡商代遺址出土的銅耳瑱，尾端錐形，一端呈喇叭口狀。北京平谷劉家河商墓出土的金耳瑱，重 0.8 公克，喇叭口寬 2.2 公分。墜部呈喇叭狀，底部周邊有一溝槽，原來可能有鑲嵌物，瑱上部成半圓形彎曲。

商代晚期耳瑱，上部用金絲彎成鉤狀，下部以金片捶壓成捲曲的裝飾，鉤與裝飾的連接處穿有 1 顆至 2 顆綠松石圓珠。山西石樓後蘭家溝及永和下辛角村商墓均有此種耳瑱發現。

商代的頸飾可見於考古發現。在安徽輝縣琉璃閣第 140 號殷墓發現過由灰色玉管珠串成的頸飾，同區第 32 號殷墓出土以 2,110 顆白色扁平圓珠串成的頸飾。

河南鄭州銘功路 2 號商墓發現了 1,000 餘枚蚌珠，並列為 6 串，可能佩於頸後，再盤繞於胸前和腰部。河南安陽大司空村 265 號殷墓，在人架頸部發現 20 個蚌飾。

山西保德林遮峪發現了 18 枚用珠狀、梅花狀、圓盤狀的琥珀，綠松石、玉、骨製成的串飾，置於人頸部及胸部。

山東濟陽劉檯子西周早期墓出土一件長 110 公分的珠串，其中有白玉龜飾 13 件，白玉棍飾 1 件，紅瑪瑙串珠 5 粒，其餘是綠松石及黑白串珠，最小的僅有芝麻粒大，但中間穿孔正規。

佩飾起源：飾物的最初意義

陝西西安灃西張家坡 188 號西周墓，人架頸部有 11 件小玉片、4 件貝、1 件小玉飾連成的串飾，同區 406 號墓出土小玉塊 86 塊，內 11 塊含於口內，其餘均在胸前，也可能是串飾。

具有代表性的商代臂飾是在婦好墓出土的各種形式的玉瑗，第一種器形較長寬，外廓中間部位有一凸棱。第二種是外廓中間凹下，兩邊凸起成凹弧形。第三種是內緣凸起的有唇瑗，形似碗托，後來的清乾隆皇帝做了幾件玉碗托，就是根據這種形式製造的。第四種是將唇瑗外緣板塊體雕鏤成花紋。

商代已有金臂釧，北京平谷劉家河商代中期墓曾出土一雙金臂釧，截面直徑 0.3 公分，釧直徑 12.5 公分，其中一個重 93.7 公克，另一個重 79.8 公克，兩件含金量為 85%，餘為少量的銀及微量的銅。各用一金環將兩端拱起呈扇狀，變成環形。

佩璜是一種玩賞性的佩玉，與禮器上的璜無關。商代佩璜已由素面無紋演變為人紋璜、鳥紋璜、魚紋璜、獸紋璜等等。一直流傳到西周後期。

商代佩璜大體有兩大類，一類是在璜的基本形式的規範下，或素面無紋，或略施紋飾，保持禮器以「不琢為貴」的傳統的。

另一類是把璜雕刻成動物、器物的輪廓，以紋飾的裝飾美為主的，這類佩璜為數甚多，有人形璜、龍紋璜、獸紋璜、鳥紋璜、魚紋璜等等。

安陽侯家莊西北崗、小屯、殷墟婦好墓等處出土的商代人形璜都呈跪坐形，跪坐姿勢易於與璜的造型適合，同時跪坐也是商民族的生活習慣。長條龍紋適合彎曲，也便於做成璜形。其他如獸紋璜有虎紋；鳥紋將冠羽及尾羽拉長彎曲也極易變成璜形；角紋璜則為數不多。

此外還有象紋佩、牛紋佩、兔紋佩、龜紋佩、鹿紋佩、鳥紋佩、鳳紋佩等等，形式變化較自由。

總之，商周時期的佩飾不僅材質高貴、形式華美，具有很強的實用性以及美化作用，而且被賦予了宗教性和階級性，逐漸被賦予更多的精神內涵。

【旁注】

追師：古代官名。《周禮》謂天官所屬有追師，設下士2人及府、史、工、徒等人員。掌王后、九嬪外內命妃的頭上服飾，包括假髻及各種首飾。追，是治的意思，專門管理是治玉石。

笄禮：即漢民族女孩成人禮，古代嘉禮的一種。俗稱「上

佩飾起源：飾物的最初意義

頭」、「上頭禮」。始於周代起。一般在15歲舉行，如果一直待嫁未許人，則年至20也行笄禮。笄禮是中國漢民族傳統的成人儀禮，是漢民族重要的人文遺產，它在歷史上，對於個體成員成長的激勵和鼓舞作用非常之大。

婦好墓：於1976年被考古工作者發掘，是殷墟唯一保存完整的商代王室墓葬。婦好是中國歷史上最早的女將軍。婦好墓雖然墓室不大，但保存完好，隨葬品極為豐富，共出土青銅器、玉器、寶石器、象牙器等不同質地的文物1,928件。

玉瑗：中國古代的一種臂飾，扁圓而有大孔，即扁圓環形。戰國玉瑗形狀與新石器時代的瑗的區別，是戰國玉瑗紋飾漸多，有些作紐絲紋的玉瑗，肉部中央加厚，兩邊變薄，剖面如棗核形。紋飾以穀紋和雲雷紋為多。也有變化成一條首尾相接的龍形或變化成桶形的。

禮器：中國古代貴族在舉行祭祀、宴饗、征伐及喪葬等禮儀活動中使用的器物。禮器是在原始社會晚期隨著氏族貴族的出現而產生的。進入商周社會後，禮器有了很大的發展，成為「禮治」的象徵，用以調節王權內部的秩序，從而維護社會穩定。

【閱讀連結】

據記錄周朝歷史的古代史書《逸周書‧世俘解》說周武王滅商、商紂王用玉環身自焚，焚玉四千。周武王最後獲得了大量的商代王室的寶玉，可見商紂王對寶石玉器的崇愛。

在當時，在上層貴族階級內部，用繁複的「禮」去維繫等級秩序，如《禮記‧王藻》中說：「進則揖之，退則揚之，然後玉鏘鳴也。故君子在車則聞鸞和之聲，在行則鳴佩玉，是以非辟之心，無自入也。」又說：「天子佩白玉，公侯佩山玄玉，大夫佩水蒼玉，子佩瑜玉，士佩瓀玫。」以上所引文獻，說明當時奴隸主階級使用玉石佩飾的普遍程度。

佩飾起源：飾物的最初意義

春秋戰國的飾品演變：風格與工藝

春秋戰國時期繼承商周時期佩飾藝術的傳統，除形式的裝飾美和材質的珍貴之外，也帶有禮教德性和社會等級地位的內涵，至於工藝技巧則發展到更加精美的程度。

這一時期的佩飾物品，包括髮飾、耳飾、頸飾、臂飾、腰飾帶鉤、佩玉、佩璜，以及金屬工藝裝飾等。

梳篦是梳理頭髮的用具，也把梳篦插在頭髮上作裝飾，春秋戰國梳篦的形狀，背部呈圓弧形，表面有對稱紋飾。梳的形狀向扁長而低的形狀變化，梳齒也更多了，更便於使用。

春秋戰國時期的梳篦實物，有河南淅川春秋時期墓出土的玉梳、山西長治分水嶺春秋時期墓出土的竹梳、湖北江陵拍馬山和四川青川戰國時期墓出土的木梳等。

山西侯馬出土的春秋時期人紋陶範中，女子的頭上插著雙角形篦，其背部作彎角形，與商周的梳篦背上緣近乎平直，背正中有突起物不同。故也有人認為是角形冠。

小型的玦是古代從新石器時代流傳下來的一種耳飾，春秋

戰國的玉玦,有圓形缺口素面無紋的,有雕琢成紋飾的,呈柱狀加缺口的。戰國時期的中山國墓出土有夔龍首黃玉玦一件,廣東曲江石峽墓出土有圓廓外 4 個半月形突飾的玉玦,這些玉玦的外形有呈柱形的,有呈橢圓形並且孔不居中的,有上寬下窄橢圓的,形式多種多樣。

頸飾是原始社會就普遍佩戴的裝飾,春秋戰國時期的頸飾出土數量很多。安徽壽縣蔡侯墓出土綠松石 1,000 多粒,均有穿孔,大小不一,裝一盒中,又有穿孔骨珠一百多粒。排作兩圈,每隔兩排 4 顆小的,用 1 顆大的將兩排連在一起,串成大小相間、單雙相連的形狀。

山西侯馬上馬村春秋時期墓出土兩玉串,大的一串由瑪瑙珠、骨珠、玉珠、玉環、玉獸等 20 枚組成,珠的形狀有棗形的、管狀的、珠形的、六菱形的、長方形的,都有穿孔。小的由 11 枚組成,形式質料相同,出土時置於墓主人胸部。

河北懷來北辛堡兩座燕國墓,一座出土綠松石串珠 264 枚,另一座出土 1,975 枚。前墓所出除少數較大外,多數都很小,有的如綠豆、有的如粟粒大小,且都有穿孔,出土位置在墓主人的頸部。後墓出土的除綠松石外,還有白石製成的串珠。戰國時期中山國王墓出土瑪瑙項鍊 2 串,一串 222 粒,另一串 74 粒,均呈管形,做工細膩精美。

佩飾起源：飾物的最初意義

玉瑗是中國從新石器時代流傳下來的一種臂飾，扁圓而有大孔，即扁圓環形。戰國玉瑗形狀與新石器時代的瑗有所區別，表現在戰國的玉瑗紋飾漸多，有些作紐絲紋的玉瑗，中央加厚，兩邊變薄，剖面如棗核形。

在紋飾內容方面，戰國時期玉瑗的紋飾以穀紋和雲雷紋居多，也有變化成一條首尾相接的龍形或變化成桶形的。

春秋戰國時期的指環也有出土，山西侯馬上馬村春秋時期墓出土2件血紅色的瑪瑙指環，斷面呈六角形，使後人得以了解這一時期的指環形式。

瑪瑙古稱瓊，又稱赤玉。據《後漢書‧東夷傳》記載：東北的扶餘、挹婁出赤玉，也就是產瑪瑙，有「瑪瑙無紅一世窮」的說法。

在新石器時代的良渚文化遺址中，曾多次出土玉帶鉤，大多出於屍骨的下肢部位。商周時期的腰帶多為絲帛所製的寬頻，又名紳帶。紳即絲帶束緊腰部後下垂的部分。

女子的腰帶也用絲質，下垂部分稱作襂褵。女子的長腰帶稱作綢繆，打成環狀結並易於解開的稱作紐，打緊死結不易解開的稱作締。因在紳帶上不好勾掛佩飾，所以又束革帶。只有貧寒的人才把革帶束在外面，有身分地位的人都把革帶束在裡面，再在外面束紳帶。

西周晚期至春秋早期，華夏民族採用青銅帶鉤固定在革帶的一端上，只要把帶鉤勾住革帶另一端的環或孔眼，就能把革帶鉤住。使用非常方便，而且美觀，所以就把革帶直接束在外面來了。革帶的製作也越來越精美華麗，後來不但把革帶漆上顏色，還鑲嵌金玉等裝飾。

到戰國時期，腰帶帶鉤的功用已經有多種，一種是橫裝於帶端用來搭接革帶兩端的，一種是與環相配直掛在革帶上勾掛佩飾的。另有一種較長的衣鉤可裝於衣服肩部勾掛衣領或裝於衣領勾掛衣服於肩部，這種衣鉤仍在和尚的袈裟上使用。

戰國時期的帶鉤形式有多種類型，形式也有多種變化，但鉤體都作「S」形，下面有柱。比如：形式像螳螂之腹，鉤短，作龍首或鳥首形，下有圓柱，近於一端，柱頂圓形；做成方形的帶鉤，鉤短作獸首形，下方有方柱，近於一端，柱頂較為粗大；還有一種呈圓形、細長頸、短鉤，下有圓柱等等。

帶鉤的材質高貴，有玉石、金銀、青銅和瑪瑙等，工藝精美，製作除雕鏤花紋外，有的在青銅上鑲嵌綠松石，有的在銅或銀上鎏金，有的在銅、鐵上錯金嵌銀，即金銀錯工藝。製作十分考究。

在中國北方居住的匈奴、東胡等部族也在革帶上使用一種類似帶鉤的金屬裝置，即在革帶上裝鬥獸紋銅飾牌而用銅鐍扣

結。這類革帶在用鐍扣結和裝飾牌等方面都與中原革帶的帶鉤不同，屬於不同發源地的帶飾。

古人佩玉大有講究，佩有全佩、組佩，及禮制以外的裝飾性玉佩。全佩由珩、璜、琚、瑀、沖牙等組合。組佩是將數件佩玉用彩組串聯懸掛於革帶上。

戰國時期墓出土的10件組佩彩繪俑中，有一件高64公分，身穿交領右衽直裾袍，寬袖，袖口飾菱紋緣，腰懸穿珠、玉璜、玉璧、彩結、彩環組佩，後背腰束黃、紅相間的三角紋錦帶，衣襟內露鮮豔的內衣，氣度不凡。

裝飾性玉佩包括生肖形玉佩、人紋佩、龍紋佩、鳥紋佩、獸紋佩等，這類玉佩比商周時期細膩精美，逐漸演變為佩璜和系璧。

更為精巧絕倫的則是鏤空活環套扣的玉佩，例如：1978年湖北隨縣擂鼓墩戰國早期曾侯乙墓出土的青玉4節佩，長9.5公分，寬7.2公分，厚0.4公分，由3個透空的活環套扣相連，可開可合；3個活環上飾有首尾相連的蛇紋，4節皆鏤空，刻有不同姿態的龍紋，最上面1節有穿孔可佩掛。

同時出土的玉器多節佩，通長48.5公分，最寬8.5公分，全器可分解成5組，插榫接合後可成一器，接合後可展可合，共26節，均由活環套接。其中有4個活環套由金屬材料的接

榫插接而成，可以拆卸。有 8 個環套是鏤空的，不能拆卸。通體飾有龍紋和勾連紋，精巧無比。

佩璜和紐座系璧都是禮器以外的飾品，更具有審美的賞玩性和裝飾性。商代已經有人紋、鳥紋、魚紋、獸紋的佩璜，這種形式一直流傳到春秋戰國時期。

春秋戰國時期的佩璜紋飾日趨繁複，題材多龍鳳蟠螭雲紋，周身施飾。同時，玉珩、玉觿、玉璧及其他玉佩、玉飾的紋飾也日趨繁縟華麗，工技美巧。

春秋時隨著青銅器物輕型化的趨向，系璧也成為單獨的佩飾而多施紋飾。但作為璧的圓形是保留著的，一般在圓形周圍附加裝飾。

春秋戰國時期，中國在金屬工藝加工方面已經掌握了焊接榫卯、鑲嵌、鎏金、鏤空、失蠟澆鑄、金銀錯嵌等技術，製作各種精美的器物。

金屬工藝加工技藝不僅在華夏地區發展，在北方匈奴族地區，金屬工藝也很先進。內蒙古伊公克昭盟杭錦旗阿魯柴登曾經出土 1 件戰國鷹鳥頂金冠，被考古研究者認為是匈奴王冠，由冠頂和冠帶兩部分組合而成。

鷹鳥冠頂高 7.1 公分，重 192 公克，雄鷹展翅立於半球冠頂中央，其下為厚金片捶打的半球面體，飾有四隻狼與盤角羊

佩飾起源：飾物的最初意義

咬鬥的紋飾。鷹的頭部、頸部鑲有兩塊綠松石，頭與尾可以左右搖動。

冠帶徑 16.5 公分，重 1,022.4 公克，由 3 條半圓形金條組合，從前面看，冠帶上下是 2 條繩紋飾邊，這 2 條金條飾邊的中間有榫鉚相互接合。從後面看，另有 1 條金條圍過來與前面 2 條金條榫鉚連接成圓環形帽圈，再在圓環左右分別裝飾虎、盤角羊、馬等動物浮雕，與冠頂組合成金冠，二者可以拆卸組裝。

春秋戰國時期的服飾更加豐富。由於當時織繡工藝的巨大進步，使得服飾材料日益精細，品種名目日見繁多。比如河南襄邑的織有彩色花紋的錦緞，山東齊魯的白細絹、綺、縞、文繡等久盛不衰。工藝的傳播，使多樣、精美的衣著服飾脫穎而出。

當時各種形式的帽子，非常引人注目，精緻的用薄如蟬翼的輕紗，貴重的用黃金珠玉裝飾，形狀有的如覆杯上聳。鞋的樣式也很多，多用小鹿皮製作，或用絲縷、細草編成。其中女子的鞋愛用毛皮鑲緣作為出鋒，還有半截式露指的薄質錦繡手套，做工令人驚歎。

春秋戰國時期的衣著，上層人物的寬博、下層社會的窄小，已趨迥然。最智巧的設計，是在兩腋下腰縫與袖縫交界處

各嵌入一片矩形面料，其作用能使平面剪裁立體化，可以完美地表現人的體形，兩袖也獲得更大的輾轉運肘功能。

總之，春秋戰國時期的佩飾，品類多樣，材質高貴，製作考究，服飾工藝精美，寓意豐富。是中國佩飾和服飾發展歷史上的重要階段。

【旁注】

禮教：即禮儀教化，禮教是指中國傳統文化中的禮樂文化，因其重視名分，又稱名教，即以名為教。禮教思想統治影響中華民族 2,000 餘年。對名教系統的破壞行為稱為「僭越」。僭越就是指做出超越自身階級應有的行為，儒家認為這樣會破壞名教系統。

中山國：春秋戰國時期諸侯國。前身為北方狄族鮮虞部落，姬姓。國土嵌在燕趙之間。經歷了戎狄、鮮虞和中山三個發展階段，在每個階段都被中原諸國視為華夏的心腹大患，經歷了邢侯搏戎，晉侯抗鮮虞的事件。後被魏樂羊、吳起統帥軍隊占領，從此一蹶不振。

扶餘：古國名，亦作夫餘，是居住在中國東北部的古老民族扶餘人所建立的東北亞國家。扶餘人聚居於今日中國東北，那裡穀物豐盛，餘糧頗多。扶餘國從立國到被高句麗滅國為

止，歷時約 700 年。後世的高麗，百濟都是扶餘國的延續。

挹婁：中國古代的一個民族，來源於肅慎。西元 5 世紀後，改號勿吉。挹婁族稱出現於西漢時期。挹婁的活動區域在今遼寧省東北部和吉林、黑龍江兩省東半部及黑龍江以北、烏蘇里江以東的廣大地區內。到南北朝時期，挹婁勢力衰落。

金銀錯：此工藝最早始見於商周時代的青銅器，主要用於青銅器製作的各種器皿，車馬器具及兵器等實用器物上的裝飾圖案。到春秋中晚期才興盛起來的，它是中國古代科學技術發展到一定階段的產物，但它一出現，很快就受到了人們的普遍歡迎。

東胡：是中國東北部的古老遊牧民族。自商代初年到西漢，東胡存在了大約 1,300 年。東胡、濊貊、肅慎被稱為中國古代東北三大民族。東胡語言屬阿爾泰語系。東胡是一個部落聯盟，包括了當時族屬相同而名號不一的大小部落。

榫卯：是在兩個木構件上所採用的一種凹凸結合的連接方式。凸出部分叫榫；凹進部分叫卯。這是中國古代建築、傢俱，以及其他木製器械的主要結構方式。工匠手藝的高低，通過榫卯的結構就能清楚地反映出來。

【閱讀連結】

帶鉤是古代貴族和文人武士所繫腰帶的掛鉤，古又稱「犀比」。多用青銅鑄造，也有用黃金、白銀、鐵、玉等製成。帶鉤起源於西周，戰國至秦漢廣為流行。帶鉤是身分象徵，帶鉤所用材質、製作精細程度、造型紋飾以及大小都是判斷帶鉤價值的標準。

古文獻記載春秋時齊國管仲追趕齊桓公，拔箭向齊桓公射去，正好射中齊桓公的帶鉤，齊桓公裝死躲過了這場災難，後成為齊國的國君。他知道管仲有才能，不記前仇，重用管仲，終於完成霸業的故事。

佩飾起源：飾物的最初意義

風格演進：
潮流變遷中的裝飾美學

風格演進：潮流變遷中的裝飾美學

　　中華民族追求美麗的腳步從未間斷。如果說先秦時期的佩飾藝術重在外在之美，那麼從秦漢建立「大一統」國家之後，人們不但追求外在美，也透過各種佩飾方式彰顯內在之美，籍以襯托高尚的心靈。

　　由於先秦佩飾藝術的貢獻，經過秦漢及其後歷代的進一步發展，至隋唐時期，在服裝顏色與紋樣、佩飾種類和及佩戴方式、髮型與髮飾及化妝技術等各個方面，都獲得了快速發展並有諸多創新，使佩飾品種類繁雜，製作工藝日益發達，樣式花樣翻新，充分地體現了人們對美的追求。

秦漢時期的服色與佩飾風尚

中國服裝的色彩,與古代陰陽五行學說相結合。秦漢時期的服裝色彩,就明顯地受到陰陽五行學說的影響。

秦漢時期,方術家把五行學說與占星術的五方觀念相結合,認為土象徵中央;木是青色,象徵東方;火是紅色,象徵南方;金是白色,象徵西方;水是黑色,象徵北方。

因此,秦滅六國,認為是獲水德,因而服色尚黑。漢承秦後,認為是獲土德,於是服色尚黃。

除了正色以外,又按陰陽之間相生相剋的信仰,調配出來間色,介於五色之間,多為平民服飾採用。

西漢時期的儒學大師董仲舒是漢代著名的大思想家,他主張「罷黜百家,獨尊儒術」,他論述的「天人合一」、「天人感應」,既是對中國遠古自然崇拜的繼承與提高,同時又對融入自然服飾的觀念發揮了理論上的指導作用。

與董仲舒「天人合一」和「天人感應」有關的,是服飾中有應季節而專設的「四時服」與「五時衣」。即孟春穿青色,孟夏

穿赤色,季夏穿黃色,孟秋穿白色,孟冬穿黑色,形成禮俗。

中國古代思想家認為天道自然,以天道為本,因而強調法天思想,認為人類社會中的一切都應該效法天,當時也包括服裝顏色在內。對照五時衣所選擇的五種顏色來看,中國古人並未考慮到四季的溫差,而是努力尋求與大自然精神合一。

秦漢時期服裝的佩飾主要是佩玉和佩綬等。漢代非常重視佩玉,不僅用玉來表示佩帶者的品德,還對佩玉有明確的規定。據《禮記‧玉藻》記載:「天子佩白玉而玄組綬,公侯佩山玄玉而朱組綬,大夫佩水蒼玉而純組綬,世子佩瑜玉而綦組綬,士佩瓀玟而縕組綬。」不同身分的人佩玉的顏色不同。

目前考古發掘到的玉器非常多,而漢代佩玉又占有相當的數量,以觀賞性佩玉為多,製作極其精美。這從一個側面反映出漢代人對於佩玉的重視。

考古出土的漢代的玉璜有幾種,它們的弧度不同,紋飾不同。半璧式玉璜,以長沙博物館藏西漢曹𡚻墓出土玉璜為代表,璜長16.8公分,寬8公分,為半個鳥紋玉璧,這種玉璜當時可能用作為禮器使用。

雙獸首玉璜,兩端為張口之獸首,獸首為尖耳,水滴形眼,嘴部為鋸開的細縫。璜表面為凸起的帶有螺旋的穀紋,這類玉璜以南京小龜山漢墓出土玉璜為代表。

龍紋玉璜，一端雕獸面，中部則雕龍身，龍身細而方折，其上有雙陰線刻的橫節紋，璜的邊緣帶有凸齒。璜的中部有一孔，以備懸掛。

漢代的韘形佩由古代佩韘演化而來，又稱雞心佩，它的中部為片狀，近似於盾牌或雞心的形狀，中心一孔，外部鏤雕裝飾。

漢代韘形佩的造型可分為三類：第一類為片狀，薄而平，外部裝飾簡單，多為帶有卷勾的勾連紋。第二類是雞心的中部微隆起，邊緣的裝飾紋為圓雕或凸雕，連於雞心之上，多為獸、鳥、雲紋。第三類為韘形佩的變形，或為橋形。這三類玉佩中，第一類多見於西漢，第二類多見於東漢及後來的南北朝時期。

從裝飾紋樣上看，韘形佩所飾有勾連紋及螭、鳳等紋樣。勾連紋似帶狀，但邊部及端部帶有卷勾式裝飾，龍紋似螭，身上帶少許鱗，大嘴角，上下唇厚而長，眼為水滴形。

螭紋也極有特徵，或有獨角，耳部為疊狀耳或尖耳帶有小凹槽，眼滾圓或細長，嘴部主要有三種，榫式，「T」式，三段式。龍與螭能飾有細密的短陰線，並有陰刻小圈。

鳳紋的特點是頭小，喙長大而下勾，頂部飾有長翎，長頸，小身，腿似獸腿，長尾分叉，外卷，似螭尾。邊緣的鏤雕裝飾

佈局也有幾種，或集中於一端，或左右對稱或偏重於一側。

漢代玉帶鉤的種類很多。長鉤，短鉤，琵琶肚，扁擔腰，方頭，圓頭等多種形式。常見的有鳥頭鉤、獸頭鉤、螭紋鉤和絃紋勾等。

鳥頭鉤鉤腹較寬，琵琶形，中部凸起，其上紋飾淺而簡略，似為鳥羽，頸細長，鉤頭似鳥頭。造型極簡單。

獸頭鉤的鉤頭為獸頭，腹部有幾種，腹較短，底端較圓的琵琶肚，腹扁而長，端部略寬的長條形等，獸頭的雕法也可分為二類，一類為尖耳，凸眼，眼珠似球，鼻與額相連且凸起，嘴部較方，且呈三段式，鼻居中，兩側各有一凸起以示唇。另一類則近似所謂「漢八刀」雕法，用簡單的幾道陰刻線雕出眼、嘴。

螭紋鉤的腹部雕螭，螭形特點同前。弦紋勾鉤腹扁寬，有幾道凸起的弦紋，鉤頭扁而方，前端略窄，近似於獸面的外形，其上也有凸起的弦紋。

漢代用於佩帶的玉人很多，主要為玉舞人及翁仲兩種。舞人形象較為統一，細腰長袖，一隻袖自頭頂甩到身另一側，另一隻手橫於腰部，袖垂於身另一側。漢代舞人的雕琢工藝精粗不一，粗糙的作品只雕外形，加幾道陰刻線以示眼，眉或身腰。精製的則有起伏的衣褶，廣東漢初南越王墓出土的圓雕立體玉舞人為最精的製品。

玉翁仲在漢代比較流行，是一種使用佩飾，用於辟邪。常雕刻為一老者持立狀，老者長鬚大袍，頭戴平冠有孔穿繩便於佩帶。

玉劍飾在戰國時就已出現，漢代佩帶玉具劍，玉劍飾使用更加系統、廣泛。文獻記載的玉劍飾有五種，考古發現的漢代玉劍飾僅四種。

劍首飾玉，用於劍柄的最端部，或稱「標首」，有圓形、方形二種，圓形的最常見，為圓片狀，中部凸起圓形球面，上飾渦紋，圓凸的四周或飾穀紋，或凸雕螭紋。方形的上寬下窄，近似梯形，中部微隆起，其上有獸面紋或雲紋。

劍格，用於劍柄與劍鋒之間，人稱「琅」。這類玉件較薄，側面看為長條形，截面為菱形或橢圓形，每面中部凸起一稜，以此為中心，琢獸面紋。劍鞘下端飾玉，稱為「珌」。劍珌紋飾或為「山」形紋，或為獸面紋。

劍鞘飾，飾於鞘外，近人稱為「招文帶」，長條形，片狀，兩端下彎，背面有一個方形的倉，倉的側面有透孔。其上紋飾有三種：螭紋，凸雕大小雙螭；穀紋，為凸起的穀粒；勾雲紋，為正反相連的勾雲，一端飾一小獸面，獸兩眼部特別大，頭上有繩紋。

鞘口飾玉，名曰「琫」。目前尚未發現這類鞘口飾玉的傳

世或出土,傳世品中所發現的也為明清時的作品,這種鞘口飾玉流行於哪個歷史年代,目前尚難定論。

除了佩玉之外,漢代的佩綬也很有特點。佩綬為漢代服飾的一大特點,貴族階層除佩掛刀劍,還有佩掛組綬的禮俗。組綬由朝廷統一發放,為漢代官員權力的象徵。漢制規定:官員平時在外,須將官印封裝在腰間的革囊裡,並將綬帶垂於外。

皇帝和各級官員所掛的佩綬,在尺寸、顏色及織法上有明顯的區別。皇帝、太皇太后、皇太后、皇后佩黃赤綬,自公主封君以上皆帶綬,各如其綬色,諸侯王佩赤綬,公、後、將軍佩色為紫,以下有青、黑色。

漢明帝恢復了古制,增加大佩制度。所謂大佩,是由各種玉質配件組成的飾物,一般都在祭祀朝會等重要場合佩戴,它將相同的兩組分配於左右兩腰旁,皇帝的大佩繫玉用串珠,公卿諸侯的大佩繫玉用絲繩,絲繩顏色和綬是相同的。

【旁注】

方術家:在中國古代,用自然的變異現象和陰陽五行之說來推測、解釋人和國家的吉凶禍福、氣數命運的醫葡星相、遁甲、堪輿和神仙之術的人。方,指方技。術,指數術。秦漢時期,秦始皇和漢武帝的身邊都有一些方術家。

世子：周代時，天子、諸侯的嫡子稱「世子」。開始的時候世子只是個稱謂，兒子都是世子，後來演變成冊封，也就是後來說的儲君，就是繼承父親的大兒子，但大多還是冊立長子，歷史上冊立少子為世子的也有。後世稱繼承王爺、諸侯爵位者的正式封號為世子，多由嫡、長充任。

漢八刀：是指漢代雕刻的玉蟬，其刀法矯健、粗野，鋒芒有力。體現出當時精湛的雕刻技術。漢八刀工藝品是中國玉器史上的代表之作，具有很高的工藝水準和藝術價值。在中國玉器史上占有重要的地位，漢以後不再覓有此風格的玉器。

佩綬：佩，是身上的玉飾，綬，是用來懸掛印佩的絲織帶子。佩綬用來區分地位尊卑。佩綬制度在華夏衣冠裡為等級尊卑的一種顯著特徵。後來綬的外型、佩帶方式都發生了變化，但其作為禮服區別尊卑的作用一直保留至明代。

【閱讀連結】

漢玉翁仲在歷史上實有其人。翁仲本是人名，姓阮。相傳秦始皇時來到中國，始皇看他身材高大，武藝高強，派他守衛臨洮，威震匈奴。翁仲死後，用銅鑄了他的像，放在咸陽宮司馬門外。後人因其有神威之力，又用石雕成翁仲象，守護墳墓，所謂「稼間石人曰翁仲」。

翁仲既有神力守護宮門墳墓,自然也可以隨身佩帶,驅除邪魔,於是,秦漢時期就有了飾佩的玉翁仲,並採用了漢代風格「漢八刀」的雕琢方法。

秦漢時代的髮型演變與頭飾藝術

秦代的歷史非常短，對於秦代女子的髮式，所知的大多出自於秦始皇所好。秦始皇是一個特別注重后妃妝飾打扮的君主，他在建立秦帝國以後，曾親自下令讓她們梳妝出儀態萬方的各種髮髻。

秦始皇「令宮人當暑戴黃羅髻，蟬冠子，五花朵子」。這裡的黃羅髻，指的是一種假髻，以金銀銅木為胎做成髻狀，外蒙繒帛，使用時套在頭上，以簪釵固定。

秦始皇還「詔後梳凌雲髻，三妃梳望仙九鬟髻，九嬪梳參鸞髻」。其中的九鬟仙髻的裝飾甚為名貴，在貴族婦女中較為盛行。

鬟是婦女梳的環形髮髻，「九鬟」是指將頭髮套成環，以多為高貴。鬟多髮少，就加上假髮，古代稱為「髢」。用這種假髮做出各式套環，並用細金屬物支撐，上面插飾珍珠、寶石等貴重的裝飾品，這種髮式就叫做「九鬟仙髻」。由於它上面的裝飾名貴，當時有「一鬟五百萬，二鬟千萬餘」的形容。

秦代女子以椎髻為主流。椎髻又稱「椎結」，是將頭髮結成椎形的髻，包括結鬟式、結椎式和對稱式等。

結鬟式是將頭髮結鬟而成，有的聳立頭頂，有的傾向兩側，有的平展，有的垂掛，婦女自身頭髮有限，往往加上「假髮」和頭飾，巍峨華麗。

結鬟的形式有高鬟、平鬟、垂鬟，有在頭頂，有在兩側，鬟數也可隨意結紮而定，變化很多，可靈活運用。

結椎式在古代婦女的髮型中，最為普遍，採用最廣，歷代都有採用，延續最長，從商周、秦漢、隋唐、宋、元、明、清等歷代皆沿用。只是髮型的高、平，低，及結椎在前、中、左、右、後等變化不同而已。

這種髮式的梳編法，是將頭髮攏結在頭頂或頭側，或前額與腦後，在紮束後挽結成椎，用簪或釵貫住，可盤卷成一椎、二椎至三椎，使之聳豎於頭頂或兩側。

對稱式從秦漢一直沿用下來，歷代皆有採用，其典型的髮式是「雙丫髻」與「卯髮」。雙丫髻主要是宮廷侍女、侍婢丫環的髮式，據傳秦始皇令宮廷侍女梳雙丫髻，穿褙子與衫，歷代沿繼襲用，一直至清代仍是不變。這種髮式是將頭髮從頂中分兩大股，往兩側平梳，並繫結於兩側，再挽結成兩大髻，使其對稱放置在兩側。也可對稱結鬟，使之垂下，為民間少女所好用。

丱髮為兒童或未婚少女之髮式。其梳編法是將髮平分兩股，對稱繫結成兩大椎，分置於頭頂兩側，並在髻中引出一小綹頭髮。使其自然垂下。其形似「丱」字，故名。丱髮至少在秦代就已開始流行。

秦代男子的髮式，主要來自秦陵出土提供的兵馬俑實物資料。秦俑坑表現的是一組步、騎、車多兵種配合的龐大軍陣。構成軍陣的數千武士俑，以其所屬兵種和在軍隊中的地位、髮式和頭飾可謂各具特點。

步兵俑髮式大致有四種類型：一是圓錐形髻，即腦後和兩鬢各梳三股或四股小辮，交互盤於腦後，腦後髮辮攏於頭頂右側或左側，綰成圓錐髮髻。二是扁髻，將所有的頭髮由前向後梳於腦後，分成六股、編成一板形髮辮，上折貼於腦後，中間夾一髮卡。三是頭戴長冠，髮髻位於頭頂中部，罩在冠室之內。四是頭戴鶡冠，但髮式不明。

騎兵俑的髮式與步兵俑的不同，頭戴赭色圓形巾幘，上面採用朱色繪滿三點成一組的幾何形花紋，後面正中紋一朵較大的白色桃形花飾，兩側垂帶，帶頭結於頷下。

車兵中駕馭戰車的馭手俑頭頂右側梳髻，外罩白色圓形軟帽，帽上還戴有長冠；馭手俑左右兩旁的甲士俑束髮，頭戴白色圓帽。

風格演進：潮流變遷中的裝飾美學

　　跽坐俑的髮式是在前頂中分，然後沿頭之左右兩側往後梳攏，在腦後綰結成圓形髮髻，無髮帶、髮卡及任何冠戴。

　　根據秦人及其前後的歷史和傳統習俗，尚右卑左是這一時期的歷史特點，因此髮髻偏左的武士俑身分要低於偏右髮髻的武士俑身分。而髮髻偏左、偏右的武士俑，都屬於史書所載的「發直上」，他們的地位均高於髮髻偏後的跽坐俑。多數頭部不加飾物，髮髻裸露的，地位最為低下。頭戴軟帽的士卒，地位當高於裸髻者，少數頭戴長冠者，似為中下級軍吏，個別俑頭戴鶡冠，神情威嚴，當屬於高級指揮官。

　　除了各式的髮髻外，古人對鬢髮的修飾也是異常精心的，刻意將它修剪或整理成各種形狀。從形象資料來看，秦代男女的鬢髮，大多被修剪成直角狀，鬢角下部的頭髮則全都剃去，給人莊重、嚴整的感覺。

　　從秦始皇兵馬俑中也可以看出，秦軍中男子髮式根據兵種、地位的不同而定。鬢角修成直角，鬢角下面的頭髮全部剃掉。秦代遵循「身體髮膚受之父母」的古訓，不得輕易損傷。即使在軍中訓練時，如果不小心砍掉了對方的頭髮，也要算是犯罪。

　　到了漢代以後，變化最大的是婦女的髮型，獲得了空前的發展，髮髻形式可謂千姿百態，名目繁多，總體上分為兩類：一種是梳在顱後的垂髻，一種是盤於頭頂的高髻。

漢代女子最流行的也是椎髻。這種髮式主要用於漢代普通女性家居，梳這種髮髻是一種賢淑與勤勞的象徵。

漢代不僅漢族女子喜歡，連少數民族也頗喜愛梳縮椎髻，且不分男女。當時稱中原民族以外的少數民族為「蠻夷」，多梳縮椎髻。可見這是漢時平民階層普遍喜好的一種髮式，在女子髮式中一直占主導地位。

漢代女子除了梳垂髻外，梳高髻也開始流行，東漢童謠中便有「城中好高髻，四方且一尺」的說法。但因其梳起來較為繁瑣，多為宮廷嬪妃、官宦之家所好。

另外，在參加入廟、祭祀等較為正規的場合時，是一定要梳高髻的。例如漢時命婦在正規場合，多梳剪氂幗、紺繒幗、大手髻等。

當時婦女常於梳妝時接假髮梳成高大的髮髻，插入笄簪將它固定，也有用假髮做成假髻直接戴在頭上，再以笄簪固定的，稱為「副貳」，還有一種以假髮和帛巾做成帽子般的假髻，白天戴在頭上，晚上可以取下來，稱為幗。

這裡的幗，指的是「巾幗」，是古代女性的一種假髻。這種假髻與一般意義上的假髻不同，一般的假髻是在本身頭髮的基礎之上增添一些假髮編成的髮髻，而幗則是一種貌似髮髻的飾物，多以絲帛、鬃毛等製作而成，襯以金屬框架，用時套

在頭上，再以髮簪固定即可。從某種意義上說，它更像一頂帽子。

漢代宮廷流行的高髻還有多，多為皇帝所好，令宮人梳之。如「漢高祖令宮人梳奉聖髻」、「武帝又令梳十二鬟髻」、「靈帝又令梳瑤臺髻」。還有反綰髻、驚鵠髻、花釵大髻、三環髻、四起大髻、欣愁髻、飛仙髻、九環髻、迎春髻、垂雲髻等數不勝數，漢代女子髻上一般不加包飾，大都作露髻式。

不論是梳高髻還是梳垂髻，漢代女子多喜愛從髻中留一小綹頭髮，下垂於顱後，名為「垂髾」，也稱「分髾」。漢明帝曾經令宮人梳「百合分髾髻」亦是如此。

漢代還有一種因形式散亂而得名的「不聊生髻」，顧名思義，或許還只垂下一綹頭髮。漢武帝時上元夫人還喜作一種名為「三角髻」的髮式，「頭作三角髻，餘髮散垂至腰」。這不屬於垂髾，卻與之有異曲同工之趣。這種髮式風格直到魏晉仍盛行不衰，但至唐後則很難再見。

漢族男子的髮式基本上是自周代起便有的梳髻形式。有的是梳髻於頂，有的是把頭梳編成低平的扁髻，貼於腦後，然後或戴冠，或束巾，或者乾脆就是露髻式。這種髮式一直延續明代，除少數民族統治時期強制漢民改換髮式如清代滿族之外，漢族的男子髮式一直是保持梳髻的形式。所區別只是冠帽形式

的改變。

秦漢時期，在髮飾上也是豐富多彩的，其中的很多裝飾都在此前的基礎上有所創新。如果把這一時期的髮飾擴大一下範圍，可以包括笄、簪、華勝、梳篦、步搖簪，以及耳飾和頸飾。

笄是用於固定髮髻的，簪是笄的發展，在頭部盛加紋飾，可用金、玉、牙、玳瑁等製作，常常做成鳳凰、孔雀的形狀。從湖南長沙左家塘曾出土秦代一件有七叉的骨簪上，可以了解這種髮飾的形式。

華勝是一種製成花草之狀插於髻上或綴於額前的裝飾。漢代在華勝上貼金葉或貼上翡翠鳥毛，使之呈現閃光的翠綠色，這種工藝稱為貼翠。

湖南長沙馬王堆 1 號西漢墓軑侯利蒼的夫人辛追的髮髻，做髻時於真髮末端加接假髮，梳成盤髻式樣，上插 3 枝梳形笄，分別為長 19.5 公分、寬 2 公分，有 11 個梳齒的玳瑁笄，長 24 公分、寬 2.5 公分，有 15 個梳齒的角笄和用 20 枝竹簽分三束。再在距頂端 1.7 公分處用絲線纏紮而成的竹笄，笄頭有朱繪花紋。前額及兩鬢有長寬約 1 公分、厚 0.2 公分，塗朱或朱地塗黑、鑲金或側面貼金葉的木花飾品，這就是當時用金屬絲編連起來作額前裝飾的華勝。

風格演進：潮流變遷中的裝飾美學

漢代婦女還有一種圓形加雙耳的華勝，江蘇邗江漢墓曾出土的東漢畫像中的西王母便戴有此物。

古代梳妝高大的假髻，必有梳理假髻的得力工具即梳篦，所以受到人們的特別重視，製作美觀實用。在湖北江陵出土的幾件秦代木質彩繪角抵圖木篦，呈馬蹄形，所繪人物紋樣栩栩如生。在湖南長沙馬王堆1號西漢墓出土的梳篦以象牙製成，均作馬蹄形，長均8.8公分，寬均5.9公分，梳20齒，篦47齒，細密均勻。在山東臨沂銀雀山和湖北江陵紀南城出土的西漢木梳，背平直，上面有四個裝飾紐。

步搖簪是在簪頂掛珠玉垂飾的簪子，能夠化靜為動，擴大視覺空間，更加引人注目。常做成樹枝狀，長長蔓伸，上懸片片金葉。步搖在漢代屬於禮制首飾，其形式與質地都是等級與身分的象徵。

最早可見的步搖樣式，在長沙馬王堆1號漢墓出土的帛畫中有所反映。畫中一名老年貴婦，身穿深衣，頭插樹枝狀飾物，這應是最早的步搖形象。

甘肅武威出土的一件漢代金步搖，披垂的花葉捧出彎曲的細枝，中間枝頂一隻小鳥，嘴銜下墜的圓形金葉，其餘的枝條頂端或結花朵，或結花蕾，而花瓣下邊也墜金葉。

秦漢時期的耳飾飾品有瑱、璫、玦等。西漢後期的玉瑱，

白色、無光澤,蕈形,一端較大,一端較小,中腰內凹。

洛陽燒溝漢墓出土琉璃瑱和骨瑱 19 件,有 12 件是上小下大腰細如喇叭形,中間穿一孔的。色有深藍、淺藍、綠等,半透明。另有 7 件中部如喇叭形而上端成錐狀,下端成珠狀,身上無孔,無色透明像玻璃。

璫是圓形發光的飾物。在貴州黔西東漢墓出土的 2 件以銀片製成的圓球狀耳鈴,下端開口,上端背上焊有直徑 1.2 公分的小圓環,銀光四射,稱它為明月璫未嘗不可。在河南洛陽燒溝漢墓曾出土喇叭形玻璃耳璫,同樣有發光的功能。

玦是耳環上的飾物。秦漢時期,漢族地區耳環出土很少,在少數民族地區出土的青銅裝飾人物中,戴大耳環的形象則常有發現。

頸飾在秦漢時期主要是項鍊。加工精美的金質項鍊在湖南長沙五裡牌東漢墓出土,它由三種不同形狀的 193 顆金珠串組,第一種 50 顆是由細小如莧菜籽的金粒分三圈黏聚而成,靠近中圈的金粒稍大。第二種 23 顆是用小金管聯結而成的連管珠,第三種 119 顆是八方形的珠,此外還有一個花穗形金墜。

同墓還出土 11 個球形飾件,內有 4 件是以 12 個小金絲環相連,在環與環之間又附著 3 粒小圓珠,有 6 件繫在小金珠上

風格演進：潮流變遷中的裝飾美學

再以金絲綴飾，並鑲有圓珠。

在湖南衡陽出土的橢圓形金珠，珠外用金絲組成精美的花紋。同時還出土了用水晶、琥珀、瑪瑙製作的小珠和獅、兔、鳥等飛禽走獸，根據其形式和散落的部位，考古研究者認為這些器物屬於同一件工藝品。

總之，秦漢時期的髮型儀態萬千，髮飾發展快速而又豐富多彩，展現了古人的聰明才智和美學修養的提高。

【旁注】

宮人：妃嬪、宮女的通稱。西漢成帝訂的一項後宮制度，在皇帝整個後宮裡 9 個等級中，宮人排名第 8 位，受 5 品官員俸祿。北宋年間宮人被廢，從南宋開始便稱作宮女。

褙子：漢族服飾名。形如中單，但腋下兩裾離異不連。宋代盛行多為對襟，不施衿鈕，腰間用勒帛繫束，男女均可服用。後世多有沿革。男子一般把褙子當作便服或襯在禮服裡面的衣服來穿。而婦女則可以當作常服即公服及次於大禮服的常禮服來穿。

命婦：泛稱受有封號的婦女。命婦享有各種儀節上的待遇，一般多指官員的母、妻而言俗稱為「誥命夫人」。宮廷中嬪妃，稱內命婦，外廷官員妻、母稱外命婦。歷代封建王朝加

封婦女的封號皆從夫官爵高低而定,唐以後形成制度。

辛追(西元前 3 世紀～前 186 年):是長沙國丞相利蒼的妻子,育有一子名利豨。於 1972 年出土於長沙東郊瀏陽河旁的馬王堆 1 號墓。時逾 2,100 多年,形體完整,幾乎與新鮮屍體相似,是世界上保存最好的濕屍,也是具體表現中國漢朝上層社會文化、生活的活體見證。

西王母:道教女神。天下道教主流全真道祖師,原是掌管災疫和刑罰的大神,後於流傳過程中逐漸女性化與溫和化,而成為慈祥的女神。相傳西王母住在昆侖仙島,西王母的瑤池內有蟠桃園,園裡種有蟠桃,食之可長生不老。亦稱為金母、瑤池金母、瑤池聖母。

【閱讀連結】

據記載:漢武帝時,瑤池王母來會,諸隨行仙女之髮髻皆異人間,高環巍峨,帝令官妃仿效,因此號為「高鬟望仙髻」,再飾有各種珠寶,金簪鳳釵或步搖,就更顯得華麗高貴。

這種高環髮型有一至九鬟,是最尊貴的髮式,多用來表示神話中之仙女,皇后貴妃與貴族婦女的髮型。未出室的少女也可採用,但裝飾不宜過分華麗,這種髮式秦漢兩代及秦以前各代頗為盛行,漢代以後多崇為仙女髮型,名流仕女也有採用。

秦漢時期的化妝技術與審美標準

秦漢時期,開始盛行各式各樣的面妝色彩,創造出許多頗具特色的眉式。再加上花鈿和面靨等裝飾的流行,都反映出這一時期女性對美的無拘無束的、更趨於成熟的追求。

先秦時的人們已經知道以粉敷面了,當時用的粉,多半用米粉製成的。到秦漢時,煉丹術的發展,再加上冶煉技術的提高,使鉛粉的發明具備了技術上的條件,並把它作為化妝品流行開來。

鉛粉通常以鉛、錫等材料為之,經化學處理後轉化為粉,主要成分為堿式碳酸鉛。鉛粉的形態有固體及糊狀兩種。固體者常被加工成瓦當形及銀錠形,稱瓦粉或錠粉;糊狀者則俗稱糊粉或水粉。

經過加工的鉛粉粉白細膩,塗之於面,不僅能增白,而且有較強的附著力,故又名「鉛華」。

漢代還有爽身之粉,通常製成粉末,加以香料,浴後灑抹於身,有清涼滑爽之效,多用於夏季。

秦漢時期的化妝技術與審美標準

秦漢時期的婦女並不以白粉為滿足，又染之使紅，這就是紅粉。紅粉的色彩疏淡，使用時通常作為打底、抹面。由於粉類化妝品難以黏附臉頰，不宜久存，所以當人流汗或流淚時，紅粉會隨之而下。

紅粉與白粉同屬於粉類，但與胭脂不同。胭脂則屬油脂類，黏性強，擦之則浸入皮膚，不易退色，因此，化妝時一般在淺紅的紅粉打底的基礎上，再在人之顴骨處抹上少許胭脂。

胭脂的主要原料為紅藍花。紅藍花亦稱「黃藍」、「紅花」，是從西域傳入中國的。在漢代，紅藍花作為一種重要的經濟作物和美容化妝材料，已經廣泛地進入匈奴人的社會生活之中，後來又隨著匈奴與漢軍的交戰，紅藍花便傳入中原。

除了用紅藍花作胭脂外，在江蘇海州和湖南長沙早期漢墓出土的物品中，還發現以朱砂作為化妝品盛放在梳妝奩裡。朱砂的主要成分是硫化汞，並含少量氧化鐵、黏土等雜質，可以研磨成粉狀，作面妝之用。

除了鉛粉、胭脂和朱砂之外，漢代也有用以塗髮和潤膚的脂澤，塗面的香膏，也可以塗唇。塗了面脂之後，面容則柔滑如細膩平坦的玉石一般，還能使枯悴的頭髮變得有光澤。

漢代時女子頰紅，濃者明麗嬌妍，淡者幽雅動人。依敷色深淺，範圍大小，妝制不一。漢代時產生許多妝名，比如「慵

來妝」，襯倦慵之美，薄施朱粉，淺畫雙眉，鬢髮蓬鬆而捲曲，給人慵困倦怠之感，相傳為漢成帝寵妃趙合德所創。後來唐代女子仍喜模仿此飾，多見於嬪妃宮女。

再如「紅粉妝」，顧名思義，即以胭脂，紅粉塗頰，秦漢以後較為常見，最初多以紅粉為之。《古詩十九首》之二便寫道：「娥娥紅粉妝，纖纖出素手。」

秦漢時期的女子畫眉，主要使用這種礦石，漢代時謂之「青石」，也稱作「石黛」。這個名稱從六朝至唐最為盛行。這種礦石在礦物學上屬於「石墨」一類，是中國的天然墨，在沒有發明煙墨之前，男子用它來寫字，女子則用它來畫眉。

石黛用時要放在專門的黛硯上磨碾成粉，然後加水調和，塗到眉毛上。後來有了加工後的黛塊，可以直接兌水使用。

秦漢時期的眉妝式樣有八字眉、蛾眉、遠山眉、長眉、闊眉、驚翠眉和愁眉等。其實也只是梳妝時著色的多樣變化而已。

八字眉在西漢以漢武帝為首，漢武帝曾令官人畫八字眉，後歷代相沿習。眉尖上翹，眉梢下撇，眉尖細而濃，眉梢廣而淡。其雙眉形似「八」字而得名。

蛾眉在東漢明帝時為最盛行，據史載，「明帝宮人，指青黛蛾眉」。有了帝王的提倡，很多人對女子的妝飾重視起來。

另一位漢代大才子司馬相如也是一位「眉癡」，其辭賦中有很多描寫眉的名句，他結識的愛人卓文君，也是一位屬於明媚皓齒的絕世佳人。《西京雜記》說：「司馬相如妻卓文君，眉如遠山，時人效之，畫遠山眉。」可見修眉的風氣在兩漢相當盛行。

除了以上所提的八字眉、遠山眉和蛾眉外，當屬長眉最為流行。長眉是在蛾眉的基礎上變化而來的，它的特點是纖巧細長，湖南長沙馬王堆漢墓出土的木俑臉上即是長眉入鬢。

除長眉外，漢代女子也曾畫過闊眉，又稱廣眉、大眉，據說這種風氣首先出自長安城內，後傳遍各地。謝承的《後漢書》裡就載有「城中好廣眉，四方畫半額」的俗語，甚至出現「女幼不能畫眉，狼藉而闊耳。」的滑稽場面。

漢代還流行過一種驚翠眉，但很快被梁冀之妻孫壽發明的「愁眉」取代了。愁眉脫胎於八字眉，眉梢上勾，眉形細而曲折，色彩濃重，與自然眉形相差較大，因此需要剃去眉毛，畫上雙眉。後世常用以形容女子發愁的樣子，謂之「愁蛾緊鎖」。

古人畫眉雖然經常剃去眉毛，然後再描畫，但也不盡然，也有不剃眉的，如東漢時期漢明帝之馬皇后端莊秀麗，《東觀漢記》中記載：「眉不施黛，獨左眉角小缺，補之如栗。」

點唇之俗最遲不晚於漢代。唇脂的實物，在江蘇揚州等地

風格演進：潮流變遷中的裝飾美學

西漢墓葬中都有發現，儘管在地下埋藏了兩千多年，但色澤依然豔紅奪目。

中國古代女子點唇的樣子，一般以嬌小濃豔為美，俗稱「櫻桃小口」。為此，她們在妝粉時常常連嘴唇一起敷成白色，然後以唇脂重新點畫唇形，唇厚者可以返薄，口大者可以描小。例如湖南長沙馬王堆漢墓出土的木俑的點唇形狀就十分像一顆倒扣的櫻桃。

秦漢面飾有一種可以黏貼在臉面上的薄型飾物，這就是花鈿。花鈿，亦稱面花或花子，大多以彩色光紙、雲母片、昆蟲翅膀、魚骨、魚鰾、絲綢、金箔等為原料，製成圓形、三葉形、菱形、桃形、銅錢形、雙叉形、梅花形、鳥形、雀羽斑形等諸多形狀，色彩斑斕，十分精美。當然，也有直接畫於臉上的。花鈿一般特指飾於眉間額下的妝飾。

面靨也是秦漢面飾之一。面靨，又稱妝靨。靨指面頰上的酒窩，因此面靨一般指古代女子施於兩側酒窩處的一種妝飾。

【旁注】

花鈿：古時婦女臉上的一種花飾。起源於南朝宋，花鈿有紅、綠、黃三種顏色，以紅色為最多，以金、銀製成花形，蔽於髮上，是唐代比較流行的一種首飾。花鈿的形狀除梅花狀

外，還有各式小鳥、小魚、小鴨等，十分美妙新穎。

煉丹術：是中國古代煉製丹藥的一種傳統技術，是近代化學的先驅。中國自周秦以來就創始和應用了將藥物加溫昇華的這種製藥方法，為世界各國之最早者。煉丹法所製成的藥物有外用和內服兩種，而「神丹妙藥」、「長生不死」，則是荒謬的。

趙合德（？～西元前 7 年）：為西漢漢成帝寵妃，與姐姐趙飛燕同侍皇帝，專寵後宮，享盡榮華富貴十餘年。姐妹二人是中國歷史上富有傳奇色彩和近乎神話般的美女，各種史料中記載她們的事蹟很多，評價大多為負面。歷史沒有記載她的名字，趙合德的名字也出自歷史傳說故事。

司馬相如（約西元前 179 年～前 118 年）：字長卿，漢代巴郡人。司馬相如是中國文化史文學史上傑出的代表，是西漢盛世漢武帝時期偉大的文學家、傑出的政治家。司馬相如工辭賦，後人稱之為賦聖和「辭宗」，其代表作品有〈子虛賦〉。

馬皇后（西元 38 年～ 79 年）：明德皇后馬氏，漢明帝劉莊唯一的皇后，伏波將軍馬援的三女兒。閨名不詳，她的諡號為「明德皇后」，單從諡號上來看，就知道她是一位令人敬服的皇后。作為一國之母，馬皇后做到了母儀天下，成為婦女道德行為的典範。

【閱讀連結】

漢代以來，漢匈之間有多次軍事廝殺，如漢武帝三次大規模的反擊，匈奴右部渾牙王率眾四萬人歸附於漢朝；西元前51年，呼韓邪單於臣屬於漢朝；西元48年，駐牧於南邊的匈奴日逐王比率眾到王原塞歸附。再加上民間交往的日益頻繁，都為漢、匈兩個民族文化習俗的交流與融合提供了環境。

胭脂的製作、使用和推廣，正是在這種大交流的歷史背景下，傳入漢朝宮廷和中國與匈奴接壤的廣大區域的。

魏晉南北朝的服飾紋樣與美學

魏晉南北朝時期，老莊思想的道法自然和佛道思想的隨緣隨意成為社會主流意識，表現在服飾上，寬衣博帶成為上至王公貴族下至平民百姓的流行服飾。同時，各民族的相互融合，也給了各民族在服飾上互相影響互相融合的機會。在這樣的大背景下，這一時期的服飾紋樣從內容到形式都發生了空前的變化。

魏晉南北朝時期的服飾紋樣，見於文獻記載的有很多。比如：東晉國子助教陸翽在〈鄴中記〉中記有大登高、小登高、大博山、小博山、大明光、小明光、大茱萸、小茱萸、大交龍、小交龍、蒲桃文錦、斑文錦、鳳凰錦、朱雀錦、韜文錦、核桃文錦等多種服飾紋樣；東晉文學家王嘉在志怪小說集《王子年拾遺記》中也記有雲昆錦、列堞錦、雜珠錦、篆文錦、列明錦等紋樣。

此外，還有北宋李昉、李穆、徐鉉等學者奉敕編纂的著名類書《太平御覽》中記有如意虎頭連壁錦；西晉史學家陳壽在

風格演進：潮流變遷中的裝飾美學

《三國志・魏志・東夷傳》中記有絳地交龍錦、紺地句文錦；唐代史家李百藥在《北齊書・祖珽傳》中記有聯珠孔雀羅等。

這些服飾紋樣的錦名，有一部分紋樣是承襲了東漢的傳統，有一部分則是吸收了外來文化的結果，如聯珠孔雀羅就是。孔雀羅是指織品的孔雀紋樣，也指織品本身具有孔雀羽般亮麗的色彩。同為絲織品，羅比較輕軟稀薄，和帶彩色花紋的錦，還是有些區別的，但大體可以通用。

南北朝時就出現了聯珠孔雀羅。北齊祖珽是並州倉曹參軍，家財豐饒，曾經一下子拿出數十匹孔雀羅，作為重禮，送與他人。並州是山西太原的古稱，可見孔雀羅當時產於太行山之東。羅上的聯珠紋則受外來文化的影響，源於波斯的薩珊王朝時期。

根據各地出土南北朝時期的紡織品實物和敦煌莫高窟壁畫的紋樣來看，大凡東漢式的傳統紋樣，南北朝時期畫工的技巧反而不及東漢精美，反映了東漢時期裝飾風格由盛及衰的演變過程，裝飾文化同樣隨著時代的發展而日新月異。

外來的裝飾題材大大補充了魏晉南北朝時期的裝飾紋樣。它們包括：具有傳統風格的山雲動物紋；具有幾何圖形特點的動物紋或花葉紋；具有古代阿拉伯國家裝飾紋樣特徵的聖樹紋；具有佛教色彩的天王化生紋；具有少數民族風格的圓圈與點

等。這些紋樣的共同特徵是對稱排列,動勢不大,裝飾性強。

一是傳統的漢式山雲動物紋。山雲紋如山之起伏,雲繞其間,後來也有稱為「波曲紋」的。動物紋是動物皮毛上的紋路,是動物與生俱來的紋路,動物紋既是一種動物的象徵,用於區別其他動物;又是動物的一種偽裝,用於保護自己。動物紋被人類所應用,出現許多動物紋織物和動物紋器具。

山雲動物紋樣盛行於東漢,緊湊流動的變體山脈雲氣間,分列著奔放寫實的動物,並於間際嵌飾吉祥文字。

在新疆民豐尼雅遺址出土的一批魏晉時期的衣物中,有一件「五星出東方利中國」銘文的山雲動物紋錦護膊,仍然保持了漢代傳統風格,十分珍貴。

二是利用圓形、方格、菱形及對稱的波狀線組成幾何構造,在幾何構造內填充動物紋或花葉紋。

此類紋樣在漢代雖已有之,但未成為主要的裝飾形式。漢代填充的動物紋造型氣勢生動,南北朝填充的動物紋則多作對稱排列,動勢不大,多為裝飾性姿勢。漢代填充的花葉紋多為正面的放射對稱型,南北朝填充的花葉紋則有忍冬紋等外來的裝飾題材。

三是聖樹紋。它是將樹形簡化成接近一張葉子正視狀的形狀,具有古代阿拉伯國家裝飾紋樣的特徵,7世紀初伊斯蘭教

創立以後，聖樹成為真主神聖品格的象徵。

聖樹紋是一種富於象徵或寓意性的植物紋，屬於阿拉伯國家裝飾紋樣中植物紋的一種。它不依自然界的真實植物為表現物件，如對棕葉卷草紋的表現，就演變成一種富有流動感的抽象卷草。南北朝時期，伊斯蘭教已經開始在中國傳播，因此象徵著真主神聖品格的聖樹紋也反映在當時的裝飾紋樣中。

四是天王化生紋。紋樣由蓮花、半身佛像及「天王」字樣組成，按著佛教說法，在欲界六天之最下天有四天王，凡人如能苦心修行，死後能化身成佛。魏晉南北朝時期佛教思想盛行，因此在服飾上也多有表現。

五是小幾何圖形紋、忍冬紋和小朵花紋。此類花紋是由圓圈與點子組合的中、小型幾何圖形紋樣及忍冬紋，它對日常服用有極良好的適應性，對後世服飾紋樣影響很深。從形式上看，也是秦漢時期所未見過的。它的流行當和西域「胡服」的影響有關。

總之，魏晉南北朝時期的民族融合和中外交流，異質文化與漢族文化的相互碰撞與相互影響，在服飾的紋樣方面有顯著的影響，因而促使國服飾文化進入了一個新的發展時期。

【旁注】

　　國子助教：晉以後，國子學中設博士、助教，唐朝制度，國子監分設六館，每館均設博士及助教，明、清兩代的國子博士等於虛設，國子監六堂教導之責，均由助教擔任。清制助教為從七品官，與博士品秩相等，而名位略低。

　　志怪小說：是中國古典小說形式之一，以記敘神異鬼怪故事傳說為主體內容，產生和流行於魏晉南北朝，與當時社會宗教迷信和玄學風氣以及佛教的傳播有直接的關係。志怪小說是受當時盛行的神仙方術之說而形成的侈談鬼神、稱道靈異的社會風氣的影響之下形成的。

　　類書：中國古代一種大型的資料性書籍，是采摭群書，輯錄各門類或某一門類的資料，隨類相從而加以編排，以便於檢索、徵引的一種工具書。例如《太平御覽》、《古今圖書集成》。古代的類書與經、史、子、集密切相關，工具性、百科性質十分明顯，而不是什麼「雜抄」。

　　尼雅遺址：是漢晉時期精絕國故址，是中國西部一個比較小的城邦國家，位於尼雅河畔的一處綠洲之上，是絲綢之路的必經之地。尼雅遺址規模宏大，珍貴文物眾多，集中反映了東西方文化的差異以及各民族文化融合的結果，可作為古絲綢之路文明興衰的典型代表。

風格演進：潮流變遷中的裝飾美學

忍冬紋：寓意紋樣。忍冬為一種蔓生植物，俗呼「金銀花」、「金銀藤」，通稱卷草，其花長瓣垂須，黃白相半，因名金銀花。凌冬不凋，故有忍冬之稱。又稱卷草紋，忍冬紋是魏晉南北朝流行的一種植物紋。比作人的靈魂不滅、輪回永生。

六天：佛經有欲界六天：四天王天、忉利天、須焰摩天又稱夜摩天、兜率陀天、樂變化天、他化自在天。此外，道教裡的「六天」一詞，最早見於東晉時期的上清、葛氏道諸派經典，真正賦予其含義的卻是劉宋時期的天師道。劉宋天師道視「六天」為惡鬼，提出以善神「三天」代替。

【閱讀連結】

沿著絲綢之路向東傳播的「忍冬紋」，歷來被認為是源於希臘並取材於中國人十分喜愛的忍冬花。

古代西亞和中亞盛行的「生命樹」崇拜，形成了理想化的「聖樹」，其中類似葡萄、有枝葉和結有豐碩果實的卷葉紋樣就成了象徵「生命樹」的「忍冬紋」。它們隨著中亞地區曾經十分興旺的佛教和祆教經絲綢之路流入中原，既是南北朝時期流行的「胡飾」，也是佛國天界和淨土的象徵。

魏晉南北朝女子髮型的時尚變遷

魏晉時期，漢代女子的垂髻已不再流行，巍峨的高髻開始在女子的髮式中獨領風騷，而且多喜把頭髮盤成環狀。或一環，或數環，然後高聳於頭頂，做淩空搖曳狀。漢代流行的「垂髻」此時依然盛行，與此時的飄逸長鬢相搭配，把那種飄飄欲仙，秀骨清像的時代氣質演繹得淋漓盡致。

這一時期的高髻樣式多種多樣，其中較為奇異的有靈蛇髻、飛天髻、螺髻、驚鶴髻、擷子髻、十字髻等。

靈蛇髻是在髮髻挽起時將頭髮掠至頭頂，編成一股、雙股或多股，然後盤成各種環形。因其樣式扭轉自如，似遊蛇蜿蜒蟠曲，故以「靈蛇」命名。這種髮式相傳為魏文帝皇后甄洛所創。東晉畫家顧愷之〈洛神賦〉圖中的洛神，即梳這種髮髻，後來的「飛天髻」，便是在此基礎上演變而成的。

飛天髻始於南朝宋文帝時，初為宮娥所創，後遍及民間。這種髮髻梳挽時也是將髮掠至頭頂，分成數股，每股彎成圓環，直聳於上。由於飛天髻酷似佛教壁畫中的「飛天」形象，故名。

風格演進：潮流變遷中的裝飾美學

螺髻因形似螺殼而得名，在北朝女子中非常流行。因北朝崇尚佛教，根據傳說，佛髮多為紺青色，長一丈二，向右縈繞，做成螺形，因而流行，不少人把頭髮梳成種各螺式髻。麥積山塑像和河南龍門、鞏縣北魏北齊石刻中的進香人和宮廷貴婦頭上，以及〈北齊校書圖〉中女侍的頭上，均梳著各種螺髻，這種髮式至唐代尤為盛行。

驚鶴髻興於北魏宮廷，古詩「魏宮人好畫長眉，今多作翠眉驚鶴髻。」就是對驚鶴髻生動寫照。這種髮髻曾流行於南北朝，至唐及五代時期仍盛行不衰。新疆庫木吐喇45窟壁畫「散花飛天」中的女子形象，其髮髻便是典型的驚鶴髻。頭上髮髻被描繪成兩扇羽翼形，似鶴鳥受驚，展翅欲飛。

擷子髻為晉代女子的一種髮髻。相傳為晉惠帝皇后賈南風首創。這種髮式是編髮為環，以色帶束之。擷子，意謂套束；其音「截子」，當時人謂之陷截迫害太子之意。此髮式並沒有流傳開來，只是一時的新奇。

十字髻在晉時也很流行。這種髮式是先在頭頂前挽出一個實心髻，再將頭髮分成兩股各繞一環垂在頭頂兩側，呈「十」字形，臉的兩側還留有長長的鬢髮。

起源並流行於魏晉南北朝時期的女子髮式總類繁多，爭奇鬥豔。史籍中提及的還有反綰髻、盤桓髻、芙蓉髻、太平髻、

回心髻、雙髻、飛髻、秦羅髻等。

其中的反綰髻是將頭髮反綰於頂,不使蓬鬆下垂,便於活動時保持姿態輕捷。而盤桓髻的梳編法是將髮蟠曲交卷,盤疊於頭頂上,穩而不走落,稱為盤桓髻。

由於魏晉南北朝時期女子好挽高髻,因此,假髮的使用也變得非常普遍,成為了這一時期女子最喜愛的梳妝方式。

假髮自周至漢,多只限於宮廷貴婦,而魏晉南北朝時期,假髮則開始風靡全社會,上自妃後,下至貧女,莫不戴之以為美飾,這在歷史上卻屬鮮見。假髮如同日用品,可以借用,其盛況可知。

由於假髮風靡社會,於是便成為一種商品,一些貧家女子會截下秀髮以換取錢財。一頭秀髮能賣多少錢,史書上亦有例證。如東晉名將陶侃貧賤時,其母湛氏為招待範逵,將頭上長髮「下為二髲,賣得數斛米」。再如齊建元初,虎賁中郎將劉彪對異母楊氏不孝,與楊別居,楊死又不殯葬,這時有一女子大義相助,乃剃髮入崇聖寺為尼,改名慧首,賣髮得「五百錢為買棺」。

魏晉初期的女子仍沿襲東漢末年的鬢髮樣式,把鬢髮理成彎曲的鉤狀,但隨之又有許多變化,出現了長鬢、闊鬢和薄鬢。

風格演進：潮流變遷中的裝飾美學

　　進入南北朝後，女性喜愛將自己的鬢髮留長，下垂不僅過耳，而且還長至頸部，有的甚至被搭於兩肩。更有一些別出心裁的女子，將自己的髮梢修剪成分叉式，一長一短，左右各一，遠看似紮著兩條飄帶，可與身上那長長的披帛相映成趣。

　　除了流行飄逸的長鬢外，還流行闊鬢，即寬大的鬢式。這種鬢式有鴉鬢、緩鬢之分。

　　鴉鬢是梳時將鬢髮整理成薄片狀，兩頭高翹彎曲，形似鴉翅；髮髻部分窄而高聳，宛如鴉首，整個造型酷似展翅欲飛的雛鴉，故名。這種鬢式，始於六朝時期，至唐時大興，多用於年輕女性。後來引申為女子鬢女的一種代稱。

　　緩鬢也屬於闊鬢的一種，可以將兩耳遮住，並與腦後的頭髮相連。梳這種鬢髮的女性，多為王公貴婦，她們除了飾以緩鬢外，還要配上假髮作為「傾髻」，以達到雍容華貴的效果。

　　在歷代女子鬢飾中，最引人注目的當是一種薄鬢了，所謂薄鬢，即以膏沐掠鬢，將鬢髮梳理成薄片狀，緊貼於面頰。因其輕如雲霧，薄如蟬翼，因此又名「雲鬢」、「霧鬢」、「蟬鬢」。

　　這種鬢式出現於三國時期，相傳為魏文帝曹丕宮人莫瓊樹所創。直至唐宋時期，仍然盛行不衰。南朝梁簡文帝便曾賦詩，其中有「妝成理蟬鬢，笑罷斂蛾眉」句。

　　魏晉時期的薄鬢一般多成狹窄的長條，下垂於頸。東晉

畫家顧愷之〈列女仁智圖〉中，就有不少作薄鬢的貴婦。南北朝時，因受緩鬢傾髻的影響，鬢髮面積逐漸擴大，並朝兩邊展開，形如蒲扇。

此外值得一提的是，魏晉南北朝時期，女子的錦履與其髮式交相輝映，也是一道惹眼的亮麗風景。這一時期的女子多穿履、靴等，有皮履、絲履、麻履、錦履等。凡娶婦之家先下絲鞋為禮。

鞋子的形式有鳳頭履、聚雲履、五朵履。宋有重臺履；梁有分梢履、立鳳履、笏頭履、五色雲霞履；陳有玉華飛頭履；西晉又有鳩頭履。有的以形式定名，有的以色飾定名。

其中各種履並非都是婦女所獨有，如鳳頭、立鳳、五色雲霞、玉華飛頭等屬婦女所穿；重臺履是厚底鞋，所以男女都穿，因為南北朝時男足女足無異樣。

還有加以鏤紋的履，例如西晉文學家陸機〈織女怨〉有「足躡刺繡之履」句；梁時史學家和文學家沈約有「錦履並花紋」之說。另外木屐在當時也為婦女穿著。

【旁注】

甄洛（西元183年～221年）：姓甄，又稱甄夫人。中山無極人，即現在的河北無極地方。是中國三國時期魏文帝曹丕

風格演進：潮流變遷中的裝飾美學

的正室，魏明帝曹叡之母。本為袁熙之妻，曹操攻陷鄴城後成為曹丕的妻室。後因遭人陷害被曹丕賜死，諡曰「文昭皇后」。

飛天：是指中國甘肅敦煌莫高窟中的壁畫，因其中有很多根據佛教故事繪製的凌空飛舞的天神形象，所以稱為「飛天」。敦煌飛天的風格特徵是不長翅膀，不生羽毛，借助雲彩而不依靠雲彩，而是憑藉飄曳的衣裙，飛舞的彩帶淩空翱翔。千姿百態，千變萬化。這是在民族傳統的基礎上，吸收、融合了外來飛天藝術的成就，發展創作出來的敦煌飛天形象。

石刻：是運用雕刻的技法在石質材料上創造出具有實體的各類藝術品，是造型藝術中的一個重要門類，在中國有著悠久的歷史。中國古代石刻種類繁多，古代藝術家和匠師們廣泛地運用圓雕、浮雕、透雕、平雕和線刻等技法創造出眾多風格各異、栩栩如生的石刻藝術品。

賈南風（西元256年～300年）：即惠賈皇后，小名峕，平陽襄陵人。她是西晉時期晉惠帝司馬衷的皇后，賈充的女兒。貌醜而性妒，因惠帝懦弱而一度專權，是西晉時期「八王之亂」的始作俑者之一。

虎賁中郎將：是漢朝官職，相當於後來的錦衣衛、禁衛軍等保衛皇帝及京畿衛戍部隊的指揮官，其職責是指揮漢朝的虎賁騎兵。三國時基本沿襲這一制度，被東晉哀帝廢止。南朝宋

時覆置,齊、梁、陳及北魏、北齊沿置;唐時避諱,或稱武賁中郎將;五代十國時期的魏、晉、宋為第五品;梁為五班;陳七品;北魏、北齊均為第六品。

莫瓊樹:魏文帝曹丕寵妃。莫瓊樹之所以受寵,美豔動人固然是其根本,但更因為她有一雙巧手,會梳理一種與眾不同的「蟬鬢」髮型,就是將面頰兩旁近耳邊的頭髮梳成薄而翹起的形狀。如絲如緞,若天女下凡,令人遐想。後來宮中的其他女性爭相仿效她的髮型。

【閱讀連結】

魏文帝曹丕有個愛妃叫莫瓊樹,她美豔動人,更有一雙巧手,會梳理一種與眾不同的「蟬鬢」髮型,就是將面頰兩旁近耳邊的頭髮梳成薄而翹起的形狀,如絲如緞,若天女下凡,令人遐想。

莫瓊樹得寵後,結果引起了宮人薛靈芸、陳尚衣、段巧笑的嫉妒,她們聯手戲弄莫瓊樹,假裝幫她梳妝打扮,趁她不注意的時候在她的頭髮上抹了香油。曹丕查明真相後,怒罰薛靈芸等人。此後莫瓊樹更是春風得意,那頭髮也梳妝的更是漂亮了。

魏晉南北朝的首飾藝術與設計

魏晉南北朝時期的首飾，包括髮飾上的簪釵、金步搖、花鈿等，服飾上的深衣下擺的三角形裝飾、巾子、指環、耳墜、玉佩、金銀飾件和帶具等。這一時期豐富多樣的首飾品種，反映出當時的奢華靡麗之風。

這一時期的婦女髮髻形式高大，髮飾除一般形式的簪釵以外，流行一種專供支撐假髮的釵子。它是由兩股簪子交叉組合成的一種首飾，用來綰住頭髮，也有用它把帽子別在頭髮上的用法，也有當做髮飾的。

古代釵子的材質以金、銀、玉、瑪瑙等為多。比如貴州平壩南朝墓出土的頂端分叉式銀簪銀釵，承重的意義大於裝飾的意義。再如在江西撫州晉墓出土的金雙股髮釵，長 7.5 公分，一股錐形，一股帶鉤。還有湖南資興南朝墓出土的銅雙股髮釵，雙股均作錐形，質樸無華，是作固髮時用的。

金步搖即金製步搖，始於漢代，是魏晉南北朝婦女的常見髮飾，因佩戴這種髮飾活動時，髮飾會因搖擺發出悅耳的碰撞

聲而得名。這一時期出土的步搖實物多見於北方鮮卑族墓中。遼寧北票出土的步搖飾件，狀如花樹，展開大小枝丫，枝上金環各掛金葉，隨步一動，枝擺葉搖，華美無比。北燕的馮素弗墓也曾出土一件完整的步搖冠。

目前發現最多的是步搖上的配件，以桃形金片和六瓣花形金飾為主。一般認為，這種桃形金片是步搖上的搖葉。南北朝以後，花枝懸綴搖葉的步搖樣式已不流行。

魏晉南北朝時期，公卿、列侯、中二千石、二千石夫人，常常頭戴紺色絲帛裝飾的帽狀假髻，插有一尺長的簪珥，為高貴婦女的首飾。簪珥的頭部飾黃金龍首口銜白珠，或魚須形的耳挖簪為飾。

一般婦女也使用假髮作各種髮式，如靈蛇髻、飛天髻、十字髻等。有的更將假髮裝在假頭上以增加其高度，有的使之自然危、邪、偏、側，以表現嫵媚的風姿。髮髻上再飾以步搖簪、花鈿、釵、鑷子，或插以鮮花。少女則梳雙髻或以髮覆蓋額頭。

魏晉南北朝時期，傳統的深衣在男子中已少有服用的，女子深衣也有變化，下擺施加相連接的三角形裝飾，就稱為髾。在深衣腰部加圍裳，從圍裳伸出長長的飄帶。這種裝飾始於東漢，走動時可以發揮增加運動姿態的作用。

風格演進：潮流變遷中的裝飾美學

女子還戴巾子，即東晉國子助教陸翽《鄴中記》中所說石季龍常以女騎千人為鹵簿儀仗，皆戴紫綸巾，熟錦袴，金銀鏤帶，五紋織成靴。

指環在魏晉南北朝時期流行已很普遍，江蘇宜興晉墓和遼寧北票房晉墓出土的金指環，有環面一頭窄一頭寬，在寬的環面上鏨出點紋的，既可裝飾，又可在縫衣時作頂針之用。

在江蘇宜興周處墓和廣州西郊也曾出土釘針。貴州平壩馬場南朝墓出土的銀指環，外廓作刻齒狀裝飾。

在遼寧北票晉墓出土的 1 件金指環上，一端戒面有意擴大成長方形，上鏨 3 個相連的矩形托座，托座上鑲嵌著 3 顆寶石，出土時 1 顆藍寶石仍附於托座上，另 2 顆寶石已殘缺。寶石周圍也鏨有花紋，精美華貴。

南京象山東晉早期豪族王氏墓出土一只金剛石戒指，金剛石直徑 1 毫米多，嵌在指環方形戒面上。當時稱金剛石為「削玉刀」，認為它削玉如鐵刀削木。

金剛指環是外國入貢的禮品。據《宋書·夷蠻傳》記載，西元 428 年和西元 430 年，天竺曾派使進獻金剛指環。

在內蒙古涼城小壩子灘發現了 1 只戒面雕成獸頭形的嵌寶石戒指。呼和浩特美岱村也曾出土 1 件北魏時期戒面鑄立獅的戒指，周身用細小的金珠粒鑲出花紋，並嵌有綠松石的裝飾。

魏晉南北朝的首飾藝術與設計

　　耳墜在魏晉南北朝時期出土的文物有所發現。在河北定縣北魏華塔廢址的石函中發現了 1 對金耳墜，在耳環上掛著 5 個用細金絲編成的圓柱，圓柱上掛著 5 個小金球及 5 個貼石的圓金片，下部為 6 根鏈索垂有 6 個尖錘體，長 9 公分多。在四川重慶六朝墓中也曾出土藍色琉璃耳璫。

　　玉佩也有出土。在江蘇南京中央門外郭家山東晉早期墓出土了 1 件長 7.1 公分，寬 4.6 公分，厚 0.4 公分的玉雕雙螭雞心佩，可能是一種頸飾的玉佩。玲瓏剔透，設計新巧。

　　此外，還有金奔馬飾件、金花飾片和金博山等佩飾之物。在內蒙古自治區科爾沁左翼中旗希伯花鮮卑墓出土 1 件金奔馬飾件，高 4 公分，長 8 公分，鏈已斷，長 13.5 公分，是一種頸飾。

　　在山西太原北齊婁睿墓出土了一件用金片、金絲、金珠等焊成的金花飾片，繁縟富麗，長 15 公分，是一種頭飾。

　　金博山是帽飾，為身分和權力的象徵之一，遼寧北票縣北燕馮素弗墓有實物出土。在內蒙古科爾沁左翼中旗希伯花鮮卑墓出土的瑞獸紋金飾牌，通體有橢圓形淺槽，似原有鑲嵌物。

　　魏晉南北朝時期的帶具也很有特點。自從東漢晚期，為了隨身實用小器具的方便佩掛，腰上所束的革帶在帶鞓上裝有銙和環，銙環上再掛幾根附有小帶鉤的小帶子，稱為蹀躞帶。

風格演進：潮流變遷中的裝飾美學

　　魏晉南北朝時期的蹀躞帶，頭端裝有金屬帶扣，帶扣一般鏤有動物紋和穿帶尾用的穿孔，穿孔上裝有可以活動的短扣針。蹀躞帶的形式也是從西北少數民族流傳過來的。

　　蹀躞帶自南北朝流行開來之後，在中國服飾生活中產生了很大的影響，唐代時，天下無貴賤通用之，並且流傳到東方鄰國。

　　此外，考古工作者在洛陽24號西晉墓發現了附有扣針的動物紋鏤雕帶扣和具有紋飾的帶銙；在江蘇宜興周處墓發現1對對稱的鏤雕動物紋帶扣，其中一個附有扣針，長方懸蹄形帶銙、懸心形帶銙、懸圓角方牌形帶銙，是一套完整而華貴的晉代帶具。

　　上海博物館藏有一塊鏤雕行龍紋白玉殘帶具，是帶扣對面與帶扣花紋對稱的飾牌，背面有「白玉袞帶鮮卑頭」字樣銘文，和《楚辭·大招》王逸注「鮮卑，袞帶頭也」的說法相合，應是戰國秦漢帶鐍的發展。可見當時的民族融合，也帶來了服裝佩飾上的變化。

【旁注】

　　簪珥：古代髮飾和耳飾的一種，屬於瑱類。瑱是古時的一種耳飾，是有華夏特色的耳飾。瑱有男式女式兩種，男子的瑱則多稱為「充耳」、「纊」。女子的瑱，較有特色的則是「簪珥」

了,即將懸有瑱的絲繩繫於髮簪之首,插簪於髻,懸於耳際,故名。

鹵簿:中國古代帝王出外時扈從的儀仗隊。國家重大國事活動的典章制度,是集儀仗隊、軍樂團、舞蹈表演、車輛服務、交通安全、治安保衛等整體規模的成文制度,要根據國事活動的重要級別區分等級而實施。王儀鹵簿僅次於上尊號徽號儀等。

婁睿(西元531年～570年):鮮卑望族,北齊外戚,戎馬生涯40年,封南青州東安郡王。因為貪婪無度曾被削官免職,但很快又加官晉爵,步步高升。以後又授大將軍、大司馬而統領全軍。又乙太傅、太師兼尚書事、尚書令而成為總領軍政大權的重臣,是一個有影響力的歷史人物。

銘文:銅器研究中的術語。本指古人在青銅禮器上加鑄銘文以記鑄造該器的原由、所紀念或祭祀的人物等,後來就泛指在各類器物上特意留下的記錄該器物的製作時間、地點、工匠姓名、作坊名稱等的文字。

【閱讀連結】

漢代步搖的搖葉設計原是受了異域步搖冠的影響,與阿富汗大月氏墓出土的一件金步搖,在若干細節處理上具有驚人的

風格演進：潮流變遷中的裝飾美學

相似之處。步搖冠在漢代時並沒有被中國人所普遍接受，但冠上的搖葉卻移用到已有的步搖上，並一直延續到南北朝時期，是六朝貴族婦女喜愛的頭飾。

步搖在魏晉時相當流行，東晉畫家顧愷之〈女史箴圖〉也繪出了它的形象。圖中步搖皆兩件一套，垂直地插在髮前，它的底部有基座，其上伸出彎曲的枝條，枝上似有金搖葉。

魏晉南北朝的化妝潮流與審美觀念

　　魏晉南北朝時期，人們崇尚精神上的自由和解放，這種時代風潮對妝容產生了很大影響。這一時期，女子們對美抱有強烈的願望，表現出了高度智慧和藝術鑒賞力，在面妝面飾上更有了大膽的追求。

　　魏晉南北朝時的面妝相對於秦漢時期，可謂異常的多彩。其特點表現在彩妝的異常繁榮上，其中有紅妝、白妝、紫妝、墨妝及額黃妝等。

　　紅妝即紅粉妝，以胭脂、紅粉塗染面頰，秦漢時便已有之。據唐代詩人溫庭筠〈青妝錄〉記載：「晉惠帝令宮人梳芙蓉髻，插通草五色花，又作暈紅妝。」這種暈紅妝是一種非常濃豔的紅妝。

　　做紅妝必然要用胭脂，此時的胭脂較之秦漢亦有所發展，出現了綿胭脂和金花胭脂。

　　綿胭脂是一種便於攜帶的胭脂。以絲綿卷成圓並浸染紅藍花汁而成，婦女用以敷面或注唇。金花胭脂是一種薄片胭脂，

風格演進：潮流變遷中的裝飾美學

以金箔或紙片浸染紅藍花汁而成。使用時稍蘸唾使之融化，即可塗抹面頰或注點嘴唇。

白妝即以白粉敷面，兩頰不施胭脂，多見於宮女所飾。據五代時期馬縞所撰歷史典籍《中華古今注》中說：「梁天監中，武帝詔宮人梳回心髻，歸真髻，作白妝青黛眉。」這種妝式多追求一種素雅之美，頗似先秦時的素妝。

紫妝是以紫色的粉拂面，最初多用米粉、胡粉摻葵子汁調和而成，呈淺紫色。相傳為魏宮人段巧笑始作，南北朝時較為流行。至於段巧笑如何想出以紫粉拂面，以化妝術的經驗來看，黃臉者，多以紫粉打底，以掩蓋其黃，這是化妝師的基本常識。

北魏賈思勰《齊民要術》卷五詳細記載了紫粉的做法：「用白米英粉三分，胡粉一分，和合均調。取落葵子熟蒸，生布絞汁，和粉日曝令乾。若色淺者，更蒸取汁，重染如前法。」這種方法，在唐代以後則摻入銀朱，改成紅色。

墨妝始於北周，即不施脂粉，以黛飾面。唐宇文氏〈妝臺記〉中載：「後周靜帝，令宮人黃眉墨妝。」可見墨妝必與黃眉相配，也是有色彩的點綴。

除了各種彩妝，魏晉時期各種稀奇古怪的化妝也不少。如曾流行於東漢後期的啼妝，即「以油膏薄拭目下，如啼泣之

狀」，此時依然沿襲。梁簡文帝〈代舊姬有怨〉詩中云：「怨黛愁還斂，啼妝拭更垂。」就提及了啼妝這種妝式。

還有一種更為奇特的，稱為「徐妃半面妝」。顧名思義，即只妝半邊臉面，左、右頰顏色不一。相傳出自梁元帝徐妃之手。

據說徐妃沒有容貌和姿色，梁元帝對她比較淡薄，三兩年才進一次她的房間。徐妃因而內心憤懣，所以藉梁元帝一隻眼睛看不見作為譏諷，每當知道梁元帝將來時，必然妝成一種用頭髮遮掩半邊面孔的妝飾，叫做「半面妝」的來與他相見。梁元帝每次見到這種裝扮，必然大怒而出。

魏晉南北朝時期使用的化妝品有香澤、面脂等。香澤指的是潤髮的油膏。香澤和麵脂的做法在賈思勰的《齊民要術》中有詳細記載，比如面脂的做法是：「合面脂法，牛髓溫酒，浸丁香、藿香二種，煎法一同合澤。亦著青蒿以發色，綿濾著瓷漆盞中，令凝。若作唇脂者，以熟朱和之，青油裹之。」

洗面用品除了面脂與香澤外，當時的人們還發明了類似今天洗面乳的洗面用品，名「白雪」，即用桃花調雪洗面，使皮膚光澤妍麗。

還有一種類似今天香皂的「化玉膏」。據說以此盥面，可以潤膚，且有助姿容。相傳晉惠帝時的美男子衛玠風神秀異，

肌膚白皙，見者莫不驚歎，以為玉人。其盥洗面容即用此膏。

魏晉南北朝時期，漢代的蛾眉與長眉仍然流行。晉崔豹《古今注》便寫道：「今人多作蛾眉。」此時的長眉在漢代的基礎上有所發展，不僅僅只朝耳朵的方向延伸，且已然是連心眉了。長眉作為一個時代的審美情趣，兼有復古之情寓於其中。

除了蛾眉，漢時的八字眉此時也依然流行。另外還出現了眉形短闊，如春蠶出繭的出繭眉。南朝詩人何遜〈詠照鏡詩〉：「聊為出繭眉，試染夭桃色。」即指這種眉式。且還染成發紅的夭桃之色，應當屬於另類了。

魏晉時期由於連年戰亂，禮教相對鬆弛，且因佛教傳播漸廣，因此受外來文化的影響，在眉妝上，打破了古來綠蛾黑黛的陳規而產生了別開生面的「黃眉墨妝」新式樣。

面飾用黃，大概是古代印度的風習，經西域輸入中國。漢人仿其式，初時只塗額角，即「額黃」。如北周詩人庾信詩云：「眉心濃黛直點，額角輕黃細安。」再後乃施之於眉，在眉史上遂別開新頁，尤其是在北周時期最為流行。

魏晉南北朝的唇妝沿襲漢制，僅以嬌小紅潤為上。多以紅色丹脂點唇，亦稱「朱唇」。魏文學家曹植〈七啟〉之六中寫道：「動朱唇，發清商。」晉文學家左思〈嬌女詩〉也寫道：「濃朱衍丹唇，黃吻瀾漫赤。」

除去的朱唇外，南北朝時還興起了一種以烏膏染唇，狀似悲啼的「嘿唇」。初為宮女所飾，後傳至民間，成為一種時髦的妝飾。

魏晉南北朝的面飾有額黃、斜紅和花鈿。額黃是一種古老的面飾，也稱鵝黃、鴉黃、貼黃、宮黃等。因為是以黃色顏料染畫於額間，故名。

額黃的流行與佛教的盛行有直接的關係。女性或者是從塗金的佛像上受到啟發，也將自己的額頭染成黃色，久之便形成了染額黃的習慣，謂之「佛妝」。

除了把黃色顏料染畫於額頭，也有用黃色硬紙或金箔剪製成花樣，使用時黏貼於額上的。由於可剪成星、月、黃、花、鳥等形狀，故又稱「花黃」。嚴格來說，貼花黃已經脫離了額黃的範疇，更多地接近花鈿的妝飾了。

斜紅是面頰上的一種妝飾，其形如月牙，色澤鮮紅，分列於面頰兩側、鬢眉之間。其形繁多，立意稀奇，有的還故意描成殘破狀。猶若兩道刀痕，亦有作捲曲花紋的畫法。

魏晉南北朝時期的花鈿，專指一種飾於額頭眉間的額飾，也稱額花、眉間俏、花子等，在秦始皇時便已有之。此時特別盛行一種梅花形的花鈿，稱為「梅花妝」。宮人常常剪梅花貼於額間，後漸漸由宮廷傳至民間，成為一時時尚。

【旁注】

金箔：是用黃金錘成的薄片。有「紅金」、「黃金」之別，又有「庫金箔」、「蘇大赤」、「田赤金」諸多稱謂。金箔的製作工藝一般要經過 12 個程序。分別是：黃金配比、化金條、拍葉、做撚子、落金開子、沾金撚子、打金開子、裝開子、炕坑、打了細、出具、切金箔。

段巧笑：三國時代魏國魏文帝時的宮人，甚受魏文帝的寵愛。傳說她以原有的化妝品中的米粉和胡粉，再加入葵花子汁，發明了女性化妝用的脂粉。段巧笑故事在正史裡沒有記載，許多野史筆記偶爾提及，如晉崔豹《古今注》等。

衛玠（西元 286 年～ 312 年）：字叔寶，河東安邑人。衛玠是古代四大美男之一。是魏晉之際繼何晏、王弼之後的著名清談名士和玄學家，官至太子洗馬。西元 310 年，衛玠遷移南方。西元 312 年，衛玠去世。衛玠的美據說不僅能征服女子，就連男人看了也怦然心動。

西域：狹義上是指玉門關、陽關以西，蔥嶺即今帕米爾高原以東，巴爾喀什湖東、南及新疆廣大地區。而廣義的西域則是指凡是通過狹義西域所能到達的地區，包括亞洲中、西部地區等。西域到了後來泛指中國的西北部地區。

魏晉南北朝的化妝潮流與審美觀念

【閱讀連結】

　　魏晉南北朝時期，流行一種叫做「斜紅」的面頰妝飾，其俗始於三國。五代南唐張泌〈妝樓記〉中記載著這樣一則故事：

　　魏文帝曹丕宮中新添一宮人，名叫薛夜來，魏文帝對之十分寵愛。一天夜裡，魏文帝在燈下讀書，四周有水晶製成的屏風。薛夜來走來時一頭撞上屏風，頓時鮮血直流，癒後留下兩道傷痕。但魏文帝對之仍然寵愛有加，其他宮人見而生羨，也紛紛用胭脂在臉頰上畫血痕，取名「曉霞妝」，久而久之就演變成了斜紅。

風格演進：潮流變遷中的裝飾美學

隋唐時期的服飾特色與流行風尚

隋文帝楊堅統一天下後，只保持了 30 幾年的國祚，就被唐取代。因此在文史上，通常把隋和唐兩個朝代合在一起，比如廣為人知的《隋唐演義》。

隋唐時期社會安定，百業興旺。在這種環境下，染織業也得到了迅速的發展。當時已流行的印染技術有夾纈、臈纈、絞纈、拓印、鹼印等，另外媒染劑的開發和利用，促進了印染技術的提高。

隋唐時期染織藝術的發展，在隋唐時期彩塑和出土文物中的服飾圖案上有鮮明的特色，它們真實反映了當時製作技術革新帶來的大唐盛世雍容華貴的裝飾風格。

大約於隋代之前已經出現的斜紋經錦和平紋緯錦，流行於隋唐時期。如敦煌石窟中的隋 420 窟西壁龕口南北兩側彩塑菩薩的圖案，在渾厚古樸的色調上描繪金線、白線，表現了飛馬奔騰、人獸交戰的激烈場面和織物圖案的細部特徵，恰到好處地豐富了層次。

隋唐時期的服飾特色與流行風尚

　　唐代中外交流頻繁，不斷開拓創新，反映在絲織圖案上比隋代更加追求富於多變和華麗清新的氣質。如在新疆吐魯番阿斯塔那唐代墓葬出土了一件精美的紅地花鳥紋錦，具有典型盛世唐錦的富麗華美特徵：花團錦簇、禽鳥飛翔、祥雲繚繞、情趣盎然。其生動的形象、活潑的佈局、熱烈的色彩，現出一派富貴吉祥的氣氛，代表了唐代斜紋經錦的最高水準。

　　唐代服飾圖案，改變了以往那種天賦神授的創作理念，用真實的花、草、魚、蟲進行寫生，但傳統的龍、鳳圖案並沒有被排斥，這也是由皇權神授的影響而決定的。這時服飾圖案的設計趨向於回歸自然，將青山綠水、鳥獸魚蟲展現於裝飾圖案，同時也表現自由、豐滿、肥壯和華貴的藝術風格。

　　隋唐時期除政府官員按制度穿用規定花色的官服之外，一般生活服裝流行圖案花式豐富多彩。當時流行的圖案紋樣有聯珠團窠紋、寶相花紋、瑞錦紋、鳥銜花草紋、幾何紋等。這些紋樣主要表現於唐錦、金銀器、陶瓷以及建築裝飾等。

　　聯珠團窠紋的紋樣基本構造為平排連續的圓形組成，圓周飾聯珠作邊飾，圓心飾鳥或獸紋，圓外的空間飾四向放射的寶相紋。這種形式受波斯薩珊王朝的影響，也是當時出口貿易暢銷的花樣。盛行於南北朝至唐代中期。

　　寶相花紋由盛開的花朵、花的瓣片、含苞欲放的花、花的

蓓蕾和葉子等自然素材，按放射對稱的規律重新組合而成的裝飾花紋。靈感來自金屬珠寶鑲嵌的工藝美及多種花的自然美。

瑞錦紋由雪花的自然形態加工成多面放射對稱的裝飾形態，寓「瑞雪兆豐年」的吉祥含義。

鳥銜花草紋多為鸞鳳、孔雀、大雁、鸚鵡等禽鳥嘴中含著吉祥的瑞草、瓔珞、同心百結、花枝等，有的作飛翔式，有的作棲立式。

幾何紋有龜甲、雙距、方棋、雙勝、盤條、如意等形式。隋唐時期紋樣造型豐腴、主紋突出，常用對稱構圖，色彩鮮麗明快。至五代時期，這一紋樣漸趨寫實細膩，如當時成都蜀錦有長安竹、天下樂、雕團、宜男、寶界地、方勝、獅團、象眼、八搭韻、鐵梗襄荷等，這些花式名稱，宋代繼續流行，並對明清時期織錦產生了深遠的影響。

此外還有散點式小簇花、小朵花，此紋樣是取花葉的自然形做成對稱形小簇花，作散點排立，流行於盛唐；穿枝花也稱唐草紋，以波狀線結構為基礎，將花、花苞、枝葉、藤蔓組合成富麗纏綿的裝飾紋樣，流行於唐、宋、明、清。

在上述這些流行的紋樣圖案中，波斯薩珊王朝時期的那種以聯珠綴成的圓圈作為主紋的邊緣，圓圈內常填以對馬紋、對鳥紋、對鴨紋，也有填以波斯式的豬頭紋和立鳥紋的紋樣圖

案，被稱作聯珠紋。

聯珠紋是西元 3 世紀興起的薩珊波斯王朝流行一種裝飾性傾向的紋章藝術，隋時傳入中國，唐代很是盛行。《北史‧何稠傳》上說，隋初波斯來獻波斯錦即聯珠紋緯錦，隋文帝命工藝家何稠仿製，何稠仿製的比波斯的還好。到了唐代成為唐錦中最具特色的紋飾，數量也最多，它比同時期其他紋錦類織物的總和還要多，大量外銷，名噪一時。

聯珠紋常常是與團窠紋相結合使用，團窠紋就是現在所稱的團花。這是唐代絲織中的一種新產品。這種以圓形為單位元素的裝飾圖案，也是從波斯圖案為基礎發展而來的，包括人形，動物和形式化葉飾之作的圓形元素。常見於供王室所用的絲織品中。

聯珠團窠紋這類紋樣多採用對稱處理的方法，圓圈內的紋樣形式，有中國自己的傳統圖案，也有受外來影響的圖形，在圓圈中可以描繪裝飾性的花朵，也可以填充珍禽瑞獸或人物紋樣。但以聯珠紋作邊飾，是這種紋樣的主要特徵。

團窠聯珠紋樣成為唐絲綢紋樣的主流。它表現在絲綢上有華貴，飽滿的形式感。現出土可見的此類紋樣有聯珠「貴」字紋錦，聯珠熊頭紋錦，聯珠鹿紋錦，聯珠騎士狩獵錦等等。

根據對波斯紋樣的吸收與發展，唐人又創造出了帶有波斯

風格演進：潮流變遷中的裝飾美學

風格的新樣式。此種紋樣稱為「陵陽公樣」。據唐代繪畫理論家張彥遠《歷代名畫記》卷10記載，唐太宗時，益州大行臺檢校修造竇師倫組織設計了許多錦、綾新花樣，如著名的雉、鬥羊、翔鳳、遊麟等，這些章彩奇麗的紋樣不但在國內流行，也很受國外歡迎。因為竇師倫被封為「陵陽公」，故這些紋樣被稱為「陵陽公樣」。

「陵陽公樣」圖案是在西方紋樣的基礎上保持了中國紋樣四方連續等傳統形式，用環式花卉或卷草代替聯珠紋，以中國傳統動物主題代替西方神話造型。它突破了六朝來傳統的裝飾風格，又吸收了外來文化，富有獨創性。以團窠為主體，圍以聯珠紋，團窠中央飾以各種動植物紋樣，顯得新穎、秀麗。這一圖案很好地展現了華夏文化和藝術魅力，在中國整整延續了數百年之久。

【旁注】

媒染劑：透過某種媒介物上染於織物而達到染色目的的所用的物質。可分為天然媒染劑和合成媒染劑，前者是在減壓條件下，蒸發濃縮含水的芭蕉植物花瓣的精練物製成；後者主要有硫酸鋁銨鉀明礬、鐵明礬等。中國古代常用的媒染劑有茜草染紅和礦物染黑等。

敦煌石窟：又名莫高窟俗稱千佛洞，被譽為西元20世紀

最有價值的文化發現、「東方羅浮宮」，坐落在河西走廊西端的敦煌，以精美的壁畫和塑像聞名於世。現存已編號洞窟492個，存有北梁至元代的壁畫4.5萬多平方公尺。壁畫內容有佛像、佛經故事、古代神話、供養人、裝飾圖案。金碧輝煌，絢麗奪目。

唐錦：唐代絲織品。因唐錦變經絲顯花為緯絲顯花，故又稱其為緯錦。其做法為用多種色緯分段換梭法織錦，也有用打緯器將緯絲打緊、打密，使所織的錦花紋突出，紋錦豐富多變，色彩絢麗典雅。唐錦紋飾主要有聯珠團窠紋、寶相花紋、瑞金錦、對稱紋、散花紋、幾何紋以及穿枝花、寫生型團花等。

行臺：魏晉至金代尚書臺或尚書省臨時在外設置的分支機關。「臺」指在中央的尚書省，出征時於其駐紮之地設立的臨時機關稱為行臺，又稱行尚書臺或行臺省。有行中書省即行省，行樞密院即行院，行御史臺即行臺，分別執掌行政、軍事及監察權。

【閱讀連結】

竇師綸是唐代絲織工藝家和畫家，曾研究過輿服制度，精通織物圖案設計，被唐政府派往盛產絲綢的益州大行臺檢校修造。他在繼承優秀傳統圖案的基礎上，吸收中亞、西亞等地的

風格演進：潮流變遷中的裝飾美學

題材和表現技法，洋為中用，創造出寓意祥瑞，章彩奇麗的各式新穎綾錦，在當時極為流行，被譽為「陵陽公樣」。

「陵陽公樣」樣式多採用成雙對稱法，佈局合理，造型美觀，影響範圍甚廣。如唐永徽四年的對馬紋錦，和對獅、對羊、對鹿、對鳳等紋樣，都是其典型代表。

隋唐時期的首飾佩飾工藝發展

　　隋唐時期國家強盛，文化發達，風氣開放，當時人們是充滿自信的，首飾佩飾方面如頭飾、頸飾、臂飾、指環和帶具等也是千變萬化。

　　隋唐婦女頭飾花樣翻新，不僅盛行高髻，以假髮補充，而且還像漢代巾幗那樣做成脫戴很方便的假髻，稱為「義髻」。

　　據說唐玄宗的寵妃楊貴妃常以假髻為首飾，而好服黃裙，時人因之語曰：「義髻拋河裡，黃裙逐水流。」

　　在新疆吐魯番阿斯塔納唐代張雄夫婦墓出土一件木胎外塗黑漆的義髻，其底部小孔留有金屬簪的鏽跡，此墓出土女俑頭上髻式與此相同，上繪精緻花紋。該地唐墓出土一件紙胎塗漆描花的頭飾，與高高的峨髻相近。

　　南京南唐陵俑也戴此種頭飾，只是省去了繁縟的花紋，出土時稱為紙冠，也可能為義髻之一種。此外回鶻髻也是假髻，其巾子則是襯墊頭髮所用。

　　隋代髮釵作雙股形，有的一股長一股短，以利方便插戴，

風格演進：潮流變遷中的裝飾美學

湖南長沙隋墓曾出土銀質鑲玉的髮釵，釵首作花朵形，名為釵朵。中晚唐以後，安插髮髻的髮釵釵首花飾簡單，另有專供裝飾用的髮釵，釵首花飾近於鬢花。

晚唐適應高髻的髮釵實物發現，僅在江蘇丹徒就出土了700多件長達30公分至40公分的髮釵。在陝西西安、浙江長興等地也有發現。

西安南郊惠家村唐大中年間墓出土雙鳳紋鎏金銀釵長37公分，釵頭有鏤空的雙鳳及卷草紋。另有鏤空穿枝菊花紋釵，都做工精細，形象豐美。

廣州皇帝崗唐代木槨墓出土金銀首飾中有花鳥釵、花穗釵、纏枝釵、圓錐釵等，用模壓、雕刻、剪鑿等工藝做成，每式釵朵都是一式兩件，花紋相同而方向相反，可知是左右分插的。

唐代貴婦步搖簪。在陝西西安韋泂墓壁畫，陝西乾縣李重潤墓石刻都有插步搖簪的人物形象。據說唐玄宗李隆基命人從麗水取最上等的鎮庫紫磨金，琢成步搖親自替楊貴妃插於鬢上。就是唐代著名詩人白居易在〈長恨歌〉中描述的「雲鬢花顏金步搖」，可見步搖簪在婦女裝飾中往往起到畫龍點睛的作用。

安徽合肥西郊南唐墓出土1件金鑲玉長28公分的步搖，

上端像雙翅展開，鑲著精琢玉片花飾，其下分垂珠玉串飾。另一件長 18 公分，頂端有四蝶紛飛，下垂珠玉串飾的銀步搖，製作都極其精緻。

梳篦和寶釵自魏晉時期就開始流行，此風至唐更盛，而且常用金、銀、玉、犀等高貴材料製作。插戴方法，在唐代繪畫如張萱〈搗練圖〉、周昉〈紈扇仕女圖〉及敦煌莫高窟唐代供養人壁畫中皆能看到。

〈搗練圖〉所畫插梳方法，有單插於前額、單插於髻後、分插左右頂側等形式。〈紈扇仕女圖〉仕女插梳方法有單插於額頂、在額頂上下對插兩梳及對插三梳等形式。敦煌莫高窟第 103 窟盛唐供養人樂廷瑰夫人花梳插於右前額，旁插鳳步搖簪，頭頂步搖鳳冠。至晚唐和五代，頭上插的梳篦越來越多，有多到十來把的。

隋唐時期由於細金加工技術的進步，金銀首飾製作空前精緻。隋大業年間，周皇太后的外孫女李靜訓 9 歲夭亡，葬於西安玉祥門外，隨葬器物中有一條金項鍊，鏈條繫用 28 顆鑲嵌各色寶石和金珠串成，項鍊上部有金搭扣，扣上鑲有刻鹿紋的藍色寶石，下部為項墜，項墜分為兩層，上層由兩個鑲藍寶石的四角形飾片緊靠圓形金鑲蚌珠環繞紅寶石的寶花作墜座，下層就是墜座下面懸掛的滴露形藍寶石。

風格演進：潮流變遷中的裝飾美學

唐代的頸飾從敦煌莫高窟繪畫和彩塑佛像上所見，多繫項圈與瓔珞組合而成，更為豪華富麗。

在隋唐時期的臂飾中，手鐲製作華貴精美。陝西西安何家皂唐代窖藏出土白玉鑲金玉鐲，玉分作3段，每段兩頭部都有金花絞鏈相連，可以打開，華貴無比。這件文物與北宋科學家沈括《夢溪筆談》所記「兩頭施轉關，可以屈伸，合之令圓，為九龍繞之」的玉臂釵有異曲同工之妙。

隋唐時普通的手鐲，鐲面多為中間寬、兩頭狹窄，寬面壓有花紋，兩頭收細如絲，向外纏繞數道，留出開口可於配戴時根據手腕粗細進行調節，摘取方便。這類手鐲有金製的，也有金銀絲嵌寶石的，材質和樣式不一而足。

唐代還有在手鐲內藏經咒護身的風俗，後世認為戴手鐲能辟邪、長壽，正是古代宗教思想留下來的傳統觀念。

在四川成都錦江江岸不遠的地方有一座晚唐墓，從中發現一件銀鐲，鐲環空心，斷面呈半圓形，裡面裝有一張極薄的佛教經咒印本，印有坐於蓮座上的六臂菩薩、梵文的咒文及印賣者的漢字姓名住址。

臂飾中的臂釧又名跳脫、條脫，是由捶扁的金銀條盤繞旋轉而成的彈簧狀套鐲，少則三圈，多則五圈、八圈、十幾圈不等。根據手臂至手腕的粗細，環圈由大到小相連，兩端以金銀

絲纏繞固定，並調節鬆緊。

　　隋唐時的臂釧，在陶俑和人物繪畫中可見到佩戴的形象，如湖北武昌周家大灣隋墓曾經出土陶俑，唐閻立本〈步輦圖〉中抬步輦的 9 名宮女及周昉〈簪花仕女圖〉中貴婦，均帶有自臂至腕的金臂釧。

　　戴指環是原始社會流傳下來的風習，漢魏以來，又成為男女青年寄信定情的紀念品。

　　隋代丁六娘〈十索詩〉：「二八好容顏，非意得相關，逢桑欲采折，奪枝倒懶攀，欲呈纖纖手，從郎索指環。」這個女孩可謂開朗大方，竟向情人主動索取信物，可見指環在當時就已經行使著見證愛情的使命。

　　《全唐詩‧與李章武贈答詩》題解中講了一個故事，說中山李章武到華州旅遊，與一美貌女郎相愛，同居月餘，臨別時女郎以玉指環相送，並寫詞曰：「撚指環，相思見環重相憶，願君永持玩，迴圈無終極。」可見自古以來，指環不僅是一種形式美的裝飾，而且也是愛情的象徵。

　　隋唐時期，蹀躞帶已是男子常服通用之物。因蹀躞帶是從西北少數民族流入中原，至隋唐而盛行，故在隋唐初期，革帶上所繫蹀躞較多，盛唐以後減少，少數民族和東西鄰國所繫蹀躞帶較多，漢族所繫較少，這是生活方式不同的緣故。

風格演進：潮流變遷中的裝飾美學

過著遊牧生活的少數民族，居無定處，需要隨身攜帶弓、劍、磨刀石、火鐮、手巾、針筒、算囊之類生活器具，帶得越齊全，使用時越方便。漢族過著定居的生活，所以，沒有必要隨身攜帶很多工具，而且會影響人們的各種活動。

北朝末期和隋唐初期，以蹀躞帶上銙的材質和數目多少表示使用者身分高低，最高級的革帶裝十三銙，為皇帝及高級大臣所用。

銙的形狀有變化，唐太宗賜給功臣李靖的十三環玉帶，銙形七方六圓。唐韋端符在《衛公故物記》講他見到的十三環帶，銙形方者7個，挫者2個，隅者6個。十三銙各附環，佩筆1個，火鏡2個，大觿小觿各1個，笓囊2個，椰盂1個，還有5種東西已亡佚。

《唐會要》卷31載景雲年間令內外官依西元674年敕，文武官帶蹀躞七事，即算袋、刀子、礪石、契苾真、噦厥、針筒、火石袋。後唐馬縞《中華古今注》卷上說唐朝後來規定天子用九環帶。

在西安何家村出土的10副玉帶中有一副白玉九環帶，九環外有3個三角尖拱形並在底部琢有扁穿孔可繫蹀躞的銙。另外像陝西西安郭家灘隋姬威墓的玉帶只七環，是不完全的帶具。

西安唐韋炯墓石槨線刻人物有在革帶上佩刀的，可帶上懸掛的蹀躞數目不多。

在西安唐永泰公主墓墓石槨線刻男裝宮女身上所束鈿鏤帶上懸掛的蹀躞反而較多，男裝宮女中有一個頭梳雙髻、身穿窄袖圓領衫、小口袴，平頭花履，雙手捧方盒的，畫面只看到她身體的正面和左側面，已看見她腰帶上懸有 8 根蹀躞帶，如加上看不見的右側面所懸數目，應達 13 根，除腰間有時掛香囊小銀鈴外，一般不在蹀躞上掛東西，只是一種時髦的裝飾打扮。

敦煌壁畫中進香貴族，卻具有佩蹀躞七事的形象，可見胡漢習俗的不同。

盛唐以後，漢族革帶蹀躞漸少，至晚唐幾乎不在革帶上繫蹀躞，只把帶銙保留下來作為裝飾了。

帶銙有玉、金、銀、銅、鐵等不同質地，以玉銙最貴，唐代玉銙有素面的，有雕琢人物動物紋樣的。

西安何家村出土的白玉銙分方圓二式，上雕獅子紋，銙下附環。遼寧遼陽曾出土浮雕抱瓶童子紋玉銙。銙下面開出可直接掛蹀躞帶的扁孔，稱為古眼。這是後期的形式，這種形式由盛唐流行到遼代前期。玉銙緊密排在革帶上的稱「排方」，排得稀疏不緊的，稱為「稀方」。

隋唐時期的首飾發展是整體上的發展，而頭飾、頸飾、臂飾、指環和帶具的表現，都說明了這一特點。

【旁注】

釵朵：金銀釵作花朵形，稱為釵朵。每一釵朵都是一式兩件，結構相同而圖形相反，以便左右對稱插戴，這種金銀釵以鏤花見勝。運用模壓、雕刻、剪鑿等方法，能做出精美花紋，有花鳥釵、花穗釵、纏枝釵、圓錐釵等。

鏤空：一種雕刻技術。外面看起來是完整的圖案，但裡面是空的或者裡面又鑲嵌小的鏤空物件。鏤空這種雕刻技術還被廣泛應用於石雕、玉雕、木雕、象牙雕等藝術雕刻領域，甚至果雕、麵粉雕也大量採用了這種雕刻技法。

供養人：是指因信仰某種宗教，透過提供資金、物品或勞力，製作聖像、開鑿石窟、修建宗教場所等形式弘揚教義的虔誠信徒。後來，也指那些出資對其他人提供撫養、贍養等時段性主要資助的個人或團體。

步輦：帝王所乘坐的代步工具，通常稱為「輦」，本來和車一樣是有輪子的。秦代以後，帝王、皇后所乘的輦車被去掉輪子，成為輿，即轎子，由馬拉改由人抬，由是稱作步輦，更多了一些典雅和休閒的氣息。

隋唐時期的首飾佩飾工藝發展

觿：古代一種解結的錐子。用骨、玉等製成。也用作佩飾，《詩經・國風・衛風・芄蘭》中說：「芄蘭之支，童子佩觿。雖則佩觿，能不我知。」芄蘭為蔓生植物，枝條柔弱且彎曲，類似童子的身體。這句話的大意是說，不要以為佩上觿，自己就成了大人了。

香囊：又名香袋、花囊，也叫荷包。它是用彩色絲線在彩綢上繡製出各種圖案紋飾，縫製成形狀各異、大小不等的小繡囊，內裝多種具有濃烈芳香氣味的中草藥研製的細末。古代的香囊是用來提神的，也有用香料來做的，因其香適合很多人的喜歡，後逐步改為純香料了。

【閱讀連結】

南唐時期流行的「金鑲玉」是指一種特殊的金、玉加工工藝，即在金器上鑲嵌各種玉石，有時也指用這種加工工藝製作而成的金、玉器物。

其實，「金鑲玉」這個詞原指「荊山玉」，說的是春秋時期楚人卞和在位於今湖北南漳縣境內的荊山發現了一塊璞玉，後來楚文王命玉工剖開璞玉，發現裡面是一塊稀世之寶玉。後來，為了彰顯卞和之名，楚文王遂將此玉命名為「和氏璧」。因和氏璧出自荊山，故後人又稱之為「荊山玉」。

風格演進：潮流變遷中的裝飾美學

唐代女子的華麗妝容與化妝技術

　　唐代政治穩定，經濟發展，文化昌盛，是中國封建文明的鼎盛時期，也是中國古代妝飾史上最富麗與雍容的時期。

　　唐代眉式種類繁多，開創了中國歷史上，乃至世界歷史上眉式造型最為豐富的輝煌時代。

　　初唐女性既畫細眉又畫闊眉，且闊眉越來越成為女性所追求的時尚眉妝，也為整個社會所接受，在多種因素的影響作用之下，孕育著唐代新時代特徵的風貌。

　　柳葉眉，形如柳葉狀的眉形，時稱「柳葉眉」，眉形兩頭尖細，中間較寬。這種娟秀端莊的眉形深受女性青睞，成為了初唐婦女日常的基本眉妝之一。

　　月眉是一種比柳葉眉略寬，比長眉略短的眉式，形狀彎曲如一輪新月。初唐女子多喜這種寬而曲的月眉。

　　盛唐時期，國富民強，經濟繁榮，女子對自身的裝飾也有了更高層次的追求。唐代的眉妝也開始尚闊，這是時代風貌的一種投射。闊眉是較自然眉更為粗闊濃重的一種眉妝的通稱。

當時流行把眉毛畫得闊而短,形如蛾翅或如桂葉。

蛾翅眉的眉形極其短闊,末端上揚。這是開元年間及天寶初年最流行的一種闊眉。

桂葉眉是比較有代表性的眉形,特點是濃而闊。

為了使闊眉畫得不顯得呆板,婦女們又在畫眉時將眉毛邊緣處的顏色向外均勻地暈散,稱其為「暈眉」。還有一種是把眉毛畫得很細,稱為「細眉」。

中唐的眉妝可以說是異彩紛呈,甚至前衛另類得令人咋舌。這與「安史之亂」爆發後人們複雜的社會心理有關,諸如彷徨迷離、尋求發洩的心理是分不開的。

比如八字眉,眉形基本平直,眉心上翹,呈八字狀,畫狀似悲啼。再如血暈妝,將眉毛刮去,然後用紅紫色的顏料塗畫,形成看上去血肉模糊的效果,可謂是眉妝史上最驚世駭俗的一頁。

唐代的眉式紛繁複雜,不可勝數。唐玄宗李隆基在流亡四川的時候還不忘命人繪製〈十眉圖〉,把當時流行的眉式記錄下來;「一日鴛鴦眉,又名八字眉;二日小山眉,又名遠山眉;三日五嶽眉;四日三峰眉;五日垂珠眉;六日月棱眉,又名卻月眉;七日分梢眉;八日逐煙眉;九日拂雲眉,又名橫煙眉;十日倒暈眉。」單看這些名目,就足以想像當時女性競相描眉、各美其美的景象。

風格演進：潮流變遷中的裝飾美學

　　晚唐的眉妝是一個回歸。晚唐女子已回歸到唐初乃至更早的細眉。晚唐最流行的眉妝是長眉和遠山眉。長眉細長，呈現出漸細的趨勢。遠山眉眉形細長，眉峰上挑，給人遠山縹緲的感覺。

　　以脂粉敷面的做法古已有之，然而於歷朝歷代婦女相比，唐代女性的面龐格外的紅。在那個時代，女人們都毫不吝嗇地將厚厚的鉛粉敷在臉上，再將濃濃的胭脂塗在兩頰，直到臉色鮮紅，類於酒暈，或類桃花。這就是在唐詩中常見的「紅妝」。

　　紅妝中最為濃豔者當屬酒暈妝，亦稱「暈紅妝」、「醉妝」。這種妝是先施白粉，然後在兩頰抹以濃重的胭脂。

　　桃花妝比酒暈妝的紅色稍淺一些的面妝，名為「桃花妝」。比桃花妝更淡雅的紅妝便是「飛霞妝」，這種面妝是先施淺朱，然後以白粉蓋之，有白裡透紅之感。因色彩淺淡，接近自然，故多為少婦使用。在唐代，飛霞妝成為流行的裝飾，翩翩一撇，盡展風流。

　　斜紅，一般都描繪在太陽穴部位，工整者行如弦月，複雜者狀似傷痕。這種面妝屬於一種缺陷美，自晚唐以後就逐漸銷聲匿跡了。

　　花鈿是貼在眉間額前的裝飾物，最是唐代女子奢華的富麗的表現。貼花鈿在唐代極為盛行，各種出土文物及傳世畫作上

的唐代女子大都貼有花鈿。她們常以金箔片、黑光紙、魚腮骨、雲母片等裁剪成各種花卉、鳥、魚紋樣，貼在額頭，最多的還是將金箔剪成梅花形。

額黃與花鈿類似，也裝飾在額頭，不過是用顏料塗黃，也稱「佛妝」。由於當時佛教盛行，婦女們從替佛塗金中找到靈感，將面部塗黃，這就是額黃，它是在額部繪畫黃色圖案或黏貼薄片狀黃色飾物。

面靨，是在兩頰酒窩處施點的裝飾。面靨當初是宮女的一種特殊標記，表示不方便接駕，後來流傳到了宮外，竟成了一種流行的裝飾。面靨一般用胭脂點染成圓點，也有用金箔、翠羽製成的，或做成花卉等圖案，成為「花靨」。

此外還有啼妝、淚妝、血暈妝、北苑妝等另類妝面。

唐代女子酷愛點唇，用朱砂混合動物脂膏製成唇脂，為自己妝成櫻桃小口，這就是那個時代的美的標準。輕輕一點，將美唇的審美觀念發揮到了極致。

除了唇色豐富外，妝唇的形狀更是千奇百怪，但總的來說依然是遵循嬌小濃豔的櫻桃小口。比如：檀口，淺紅色唇脂；朱唇有大紅色，亦稱「丹唇」；絳唇，唐代婦女還非常喜歡用深紅色即檀色或淺絳色點唇，即成「絳唇」；嘿唇，以烏膏塗染嘴唇。

風格演進：潮流變遷中的裝飾美學

　　盛唐時代締造了女性光華豔麗的妝扮，無疑是那個時代的驕傲，是時代精神的物化。正如那個時代的鮮明文化，帶著極度的自信和奢華，因而在中國妝飾史上留下了燦爛的記憶。

【旁注】

　　新月：在農曆的每月初一，當月亮運行到太陽與地球之間的時候，月亮以它黑暗的一面對著地球，並且與太陽同升同沒，人們無法看到它。這時的月相叫「新月」或「朔月」。因為它的形狀彎曲，古人常常用以比喻女子的眉毛。

　　安史之亂：是唐代天寶年間發生的一場政治叛亂，是由安祿山與史思明向統治者發動，同中央爭奪統治權的內戰。由於發起叛亂者以安祿山與史思明為主，故稱安史之亂，也稱天寶之亂。對中國後世政治、經濟、文化、對外關係的發展等均產生極為深遠而巨大的影響。

　　弦月：月分為上弦月、下弦月，這是由於日、地、月三者位置不斷發生變化，月相便有盈虧的變化。上弦月和下弦月，娥眉月和殘月的相貌差不多，但它們出現的時間、位置及亮面的朝向是不同的。由於中國農曆日期是根據月相排定的，所以中國古代的人民有時靠它來判斷農曆日期及夜間的大致時間。

　　雲母：一種造岩礦物，通常呈假六方或菱形的板狀、片

狀、柱狀晶形。顏色隨化學成分的變化而異。雲母的特性是絕緣、耐高溫、有光澤、物理化學性能穩定，具有良好的隔熱性、彈性和韌性，又有被剝成具有彈性的透明薄片的功能。其廣泛的應用於建材行業、塑膠、電絕緣、造紙、橡膠、珠光顏料等化工工業。

朱砂：又稱辰砂、丹砂、赤丹、汞沙，是硫化汞的天然礦石，大紅色，有金剛光澤至金屬光澤，屬三方晶系。中國利用朱砂作顏料已有悠久的歷史，「塗朱甲骨」指的就是把朱砂磨成紅色粉末，嵌塗在甲骨文的刻痕中以示醒目，這種做法距今已有幾千年的歷史了。

【閱讀連結】

長眉取代闊眉的趨勢在天寶末年時世妝中已顯露出來。到了晚唐，已經很少見到盛唐時期的闊眉了，而長眉依然活躍在女性之間。

李商隱〈無題二首〉其一中寫道：「八歲偷照鏡，長眉已能畫。」一個8歲的小女孩就已學著畫長眉了，她畫的想必是當時比較流行的妝，看到大人畫自己才偷偷地模仿。此外，李商隱的詩中還有「長眉畫了繡簾開」、「長長漢殿眉」等句，均描寫了這種修長的眉妝。可見，長眉在晚唐還是相當流行的。

風格演進：潮流變遷中的裝飾美學

唐代婦女的髮型演變與社會審美

在中國歷代婦女的髮型中，唐代婦女的髮型式樣最為新奇，既有對前代的傳承，又有在傳承基礎上的創新之處。其髮型樣式之豐富和變化之迅速都是前所未有的。

總體來說，初唐髮型呈一種高聳、挺拔之勢，且在形式上比較簡潔，均無珠翠、髮梳等首飾。

盛唐時期，唐玄宗開元、天寶年間，唐代的殷實達到了開國以來未有的高峰，對外關係也達到了鼎盛。此時婦女的豐碩雍容之態開始展現出來，髮飾多濃妝高髻。

盛唐以後，婦女的髮型開始發生變化，髮髻上的髻叉日益增多。到後來逐漸成為花冠，一直流傳到北宋還很盛行。

唐代婦女的髮型主要分為髻和鬟。髻為實心，鬟為空心。還有一種髮式叫鬢，鬢不是髮型，但它是各種髮型都需配備的鬢式，因為它可以使髮型富有變化而別致。

唐代婦女的髮髻有雲朵髻、孔雀開屏髻、雙環望仙髻、盤桓髻、螺髻、雙環垂髻、雙丫髻、圓錐拋髻、四環拋髻、拋家

髻、垂練髻、圓錐髻,以及反綰髻、墮馬髻、高髻等。

雲朵髻即髮收於頂,梳成雲朵狀,髻前飾珠翠。這種髮式顯得豐盈優雅,為唐代有身分有地位的貴族婦女所喜歡。

孔雀開屏髻是將髮聳豎於頭頂,梳成椎髻,然後用珠翠製成孔雀開屏狀,並飾於髻前。此髮式多為唐代貴夫人所喜用。

雙環望仙髻是將髮分為兩股,用黑毛線或黑帶束縛成環,高聳於頭頂,髻前飾一小孔雀開屏步搖,髻上珠翠如星。此髮式有追求之感,瞻望之狀,故稱雙環望仙髻。流行於盛唐。

盤桓髻先將頭髮收攏於頂,然後血上盤桓而成。髻前插對梳,髻上飾條形彩珠,顯得幹練持重,把長髮繞在頭頂,頂部為平形。這髮式西漢時就已在長安婦女中盛行,到唐代仍為宮女和士庶婦女所喜用。

螺髻,亦名翠髻,因其形而得名。梳理時,先將頭髮用黑絲帶束縛起來,在頭頂部編盤成螺殼形狀即成,並在髻後垂彩色絲帶。此髮式在初唐時盛行於宮中,古人曾有「螺髻凝香曉黛濃」的詩句,後來也在士庶女子中流行,直到宋、明各代,仍有婦女喜歡。

雙環垂髻是將髮分為兩部分,在頭的兩側各盤成上卷下垂環。一般未婚女子或宮女、侍婢、童僕多梳此髮髻,據傳這種髮式在戰國時已有,唐代還把它視為未婚女子的象徵。在盛唐

時最為流行。

雙丫髻，亦稱雙髻丫。先將髮收攏於頂，然後分兩股向上各紮成一個小髻，髻上飾珠翠花鈿等物。一般為侍婢、貧家未婚女子常梳的髮式。這髮式據傳在商代就有了，以後各代有所變化，到唐代從式樣上更為講究，有的還在髮髻上飾有珠翠等飾物。

圓錐拋髻是將髮收攏於頂，向上盤兩卷成圓錐，然後向一側繞一環成拋狀，這種把椎髻和拋髻結合的髮式稱圓錐拋髻。髮的一側插步搖，一側戴花。為晚唐時長安婦女所常用。

四環拋髻的方法是兩髻不抱面，先將髮盤於頂，再分四股，三股直向上盤成三個環，另一股環狀較大且向旁成拋狀，髻前斜插步搖，拋環上飾珠翠。流行於中晚唐貴族婦女中。

拋家髻的方法是兩鬢靠面，頭頂再加一椎髻或三個或一個高聳起來的「朵子」，向一端傾斜呈拋狀。多為盛唐和中晚唐貴族婦女所飾。

垂練髻的梳理方法是將髮分成兩邊每邊下垂後向上折起，用紅絹縛之，並飾以少許珠翠。流行於中唐。

圓錐髻的梳理方法是先用黑帶將髮束縛，然後盤卷聳豎於頂，並飾一圈珠翠。中唐時盛行於長安婦女中。

反綰髻是梳髮於後，編成髮辮，由下反綰於頭頂的雙鬟；墮馬髻則是將髮髻向一側斜墜落，為已婚中年婦女所喜愛；倭

墮髻是髮髻低垂、側在一邊，被認為是墮馬髻之延續；高髻則是將頭髮高聳矗立於頭頂上。

唐代婦女的髮鬟，與盤繞實心的髻相區別，鬟是一種盤繞空心的環狀形式。鬟為大多數青年婦女所偏愛，尤喜雙鬟式。

鬟的形式有高低不等，大小不一，既有梳在頭頂上，也有垂於腦後的多種樣式。比如：雲鬟，是一種高聳的環形髮型；雙鬟，是年輕女子的兩個環形髮型；垂鬟，多是未出室少女的髮型，將髮分股，結鬟於頂，不用托拄，使其自然垂下。

唐代婦女的鬢式，有蟬鬢、博鬢。蟬鬢是兩鬢的裝飾，將兩鬢梳得很薄而透明，形如蟬翼，故稱。古詩中形容婦女經常有「雲鬟霧鬢」之句，薄而透明的蟬鬢與厚而高實的髮型結合與對比，使婦女的髮型富於變化而別致。

唐末京師婦女梳髮，以兩鬢抱面，狀如椎髻，名曰「拋家髻」，亦稱「鬧鬢」，「鳳頭」。這種兩鬢抱面的髻式，是唐代後期較為流行的一種髮式。

博鬢即以鬢掩耳，或往後攏掩半耳，是一種禮儀的鬢式。宮中的后妃要博鬢，貴夫人也須博鬢。

總之，中國古代婦女的髮型在唐代出現了極為豐富而精美的樣式，髮式的創新給人極高的藝術價值，尤其是唐代婦女對髮型的偏愛和重視，可以說達到了登峰造極的程度。

風格演進：潮流變遷中的裝飾美學

【旁注】

　　長安：是西安的古稱，從西周到唐代先後有十三個王朝及政權建都於長安。盛唐時的長安為當時規模最大、最為繁華的國際都市。長安是中國歷史上歷時最長，建都時間最早，朝代最多的古都，是中國歷史上影響力最大的都城。為中國四大古都之首，世界四大古都之一。

　　士庶：士人和普通百姓。亦泛指人民、百姓。士人是中國古代文人知識份子的統稱，他們學習知識，傳播文化，政治上尊王，學術上循道周旋於道與王之間。士人是國家政治的參與者，又是中國傳統文化的創造者、傳承者。

　　貴夫人：在封建時代，通常是指年紀大和具有社會地位、非常尊貴或儀表堂堂的女人。唐代貴夫人在裝飾方面喜歡孔雀開屏髻，即將髮鬟豎於頭頂，梳成椎髻，用珠翠製成孔雀開屏狀飾於髻前。還喜歡一種流行的髮式「拋家髻」。

【閱讀連結】

　　〈簪花仕女圖〉由唐代周昉所繪，是目前全世界範圍內唯一認定的唐代仕女畫傳世孤本。它的藝術價值也很高，是典型的唐代仕女畫標本型作品，是代表唐代現實主義風格的繪畫作品。

此畫描寫的是唐代貴族婦女的日常生活，畫中 5 位仕女的髮型都梳作高聳雲髻，蓬鬆博鬢。前額髮髻上簪步搖首飾花十一至六樹不等，鬢髻之間各簪牡丹、芍藥、荷花、繡球等花，花時不同的折枝花一朵。眉間都貼金花子。著袒領服，下配石榴紅色或暈纈團花曳地長裙。

風格演進：潮流變遷中的裝飾美學

多元融合：
千變萬化的佩飾風格

多元融合：千變萬化的佩飾風格

中國在晚唐之後，社會動盪，佩飾藝術成就不顯，而在僅存 50 年的五代十國之後，宋代佩飾藝術備受人們關注，人們的審美情趣集中在服飾紋樣和女子髮飾上。兩宋時期，不僅錦繡做的服飾紋樣富麗堂皇，而且女子的髮型髮飾也追求時髦，整體造型給人清雅、自然的感覺。

遼金西夏服飾紋樣、元代服飾紋樣，以及元代的男子髮型和婦女頭飾，出現了較大變化。其中蒙古族在保留民族裝飾特點的同時，在一定程度上受中原文化的影響，體現了中華服飾文化的多民族的合流。

兩宋時期的服飾設計與審美轉變

北宋初年，皇家儀仗隊都穿繡錦做的服裝。為此，成都轉運司設立了成都錦院，專門生產上貢的「八答暈錦」，「官誥錦」，「臣僚襖子錦」，以及「廣西錦」。

北宋皇室規定，對文武百官按其職位高低，每年分送「臣僚襖子錦」，其花紋各有定制，分為翠毛、宜男、雲雁、瑞草、獅子、練鵲、寶照等。

南宋時，成都錦院還生產各種細錦和各種錦被，花色更加繁複美麗，這些絲織錦在後來透過商貿等方式逐漸流傳到全國，成為知名的傳統品牌，被稱為「蜀錦」。

蜀錦的花紋有組合型幾何紋的八搭暈、六搭暈、盤毯等。這種組合型紋樣多出現在南宋時頗具時代特色的織錦上，這種織錦被稱為「宋錦」。

宋錦的圖案風格、組織結構和織造工藝等已和蜀錦有所區別。它以緯面斜紋顯現主體花紋，經面斜紋為地紋或少量陪襯花，其錦面勻整、質地柔軟、紋樣古樸，大都供裝裱之用。

多元融合：千變萬化的佩飾風格

宋錦產於南宋時期的蘇州。蘇州宋錦、蜀錦和後來明代南京的雲錦，並稱為中國三大名錦。

宋代服飾紋樣的題材較以前更為豐富廣泛，宋錦上的圖案以龜背紋、席地紋、祥雲紋、萬字紋、古錢紋等為底，中間穿插龍、鳳、朱雀等獸鳥紋樣，以及八寶、八仙、八吉祥。還有琴、棋、書、畫等圖案。

八寶指古錢、書、畫、琴、棋等，八仙是扇子、寶劍、葫蘆、柏枝、笛子、綠枝、荷花等，八吉祥則指寶壺、花傘、法輪、百潔、蓮花、雙魚、海螺等。在色彩應用方面，多用調和色，一般很少用對比色。

宋錦是宋代官服的主要面料，宋錦上的幾何填花有葵花、簇四金雕，大窠馬打毬，雪花毯路、雙窠雲雁等；器物題材的有天下樂；人物題材的有宜男百花等；穿枝花鳥題材的有真紅穿花鳳、真紅大百花孔雀、青綠瑞草雲鶴等；動物題材的有獅子、雲雁、天馬、金魚、鸂鶒、翔鷺等；花卉題材的有如意牡丹、芙蓉、重蓮、真紅櫻桃、真紅水林檎等。

宋代院畫和文人畫的興起對工藝美術以及服飾紋樣的影響很深，工筆花鳥講究精微刻細，栩栩如生，寫生就成了必不可少的手段，而服飾紋樣的設計是以清瘦、寫實、雅致為造型特徵，一反唐朝服飾紋樣花形飽滿、線條圓潤流暢的造型特點。

宋代服飾紋樣多以花鳥題材為主要內容，其中折枝花式紋樣和串枝花式紋樣，以其寫實生動、自然和諧、靈動飄逸的整體效果為特色，是宋代審美意識的典型紋樣設計。

折枝花式紋樣即透過寫生手法，截取帶有花頭、枝葉的單枝，再以寫實的外形和生長著的動態作紋樣，形成動與靜的審美效果，在織物上的排列是將折枝花紋散點分布，並且十分注意花紋間的承轉啟合以及相互呼應的佈局。

這種構圖形式除了具有婉轉多姿、生動優美、形象自然的藝術風格之外，還具有簡練、秀麗，給人一種古樸秀雅的感覺。

宋代串枝花式紋樣有花鳥題材與花卉題材，是在唐代卷草紋樣和寫生折枝花紋的基礎上，發展而成的鳳穿百花和百花攢龍等紋樣，其組織形式是在平面織物上將眾多寫實型的花卉紋樣呈散點分布，並透過枝、葉、藤蔓等作蛇形的反轉伸展，使單個花紋緊密地連接在一起，構成了四方連續的圖像。

串枝花式紋樣流暢飄逸的韻律線與寫實的花紋，形成了點與線、動與靜的對比，使圖形紋樣既生動自然，又富有意匠之美。

織物紋樣在色彩上以質樸、清秀為雅，通常採用低純色，色彩一反唐代濃豔鮮麗之色，而形成淡雅恬靜之風，打破了唐

多元融合：千變萬化的佩飾風格

代以青、碧、紅、藍等濃豔色彩為主的調子，多用淺淡的間色，如鵝黃、粉紅、銀灰、淺綠、蔥白等較柔和的色彩，頗有韻意，顯得質樸、潔淨、自然、規整，形成了宋代鮮明的審美傾向。

宋代服飾紋樣在畫院寫生花鳥畫的影響下，紋樣造型趨向寫實，構圖嚴密，幾乎都形成了一種程式。對後世也有很大的影響，明清時期的服飾紋樣，無論從題材到造型手法，都受宋代花鳥紋樣的影響。

【旁注】

轉運司：中國古代官職，始置於唐代，可區分為中央與地方官職，主管運輸事業。宋太宗時各路皆設有都轉運使和轉運司，控管一路或數路之財政，稱「某路諸州水路轉運使」，俗稱漕司。皇帝出巡時有行在轉運使，出征時有隨軍轉運使。元、明、清有都轉鹽運使，專管鹽務。

宜男：萱草的別名。古代迷信，認為孕婦佩之則生男。多年生草本，具有較短的根莖和肉質肥大的紡錘狀塊根。亦名忘居、療愁、丹棘、鹿蔥、鹿劍。中國古代官服常常將其作為花紋，且有定制。是古代服飾紋樣的一種，如北宋政府每年分送官員「臣僚襖子錦」，其上就有宜男的花紋。

院畫：即院體畫，或稱院體，中國畫的一種。一般指宋代翰林圖畫院及其宮廷畫家比較工致刻板的繪畫風格。或泛指非宮廷畫家而效法南宋畫院風格之作。這類作品為迎合帝王宮廷需求，多以花鳥、山水，宮廷生活及宗教內容為題材，作畫講究法度，重視形神兼備，風格華麗細膩。

文人畫：也稱「士大夫甲意畫」、「士夫畫」，是畫中帶有文人情趣，畫外流露著文人思想的繪畫。文人畫在題材內容、思想情趣、筆墨技巧等方面各有不同的追求，並形成紛繁的風格和流派。畫中流露著濃烈的文人思想。魏晉南北朝時期，文人畫的某些創作思想和藝術風格就出現了。

【閱讀連結】

北宋初年，曾作臺州知州的唐仲友，在家鄉開設彩帛鋪，既販賣，又加工，是一個大型的作坊店鋪。北宋政府曾經禁止印花工藝在民間使用，但唐仲友開彩帛鋪，仍然雕製印花版印染斑纈。此外，宋代洛陽賢相坊染工李裝花，是當時著名的印花刻版藝人，能打裝花纈，即印花雕版。

唐仲友的彩帛鋪和李裝花的賢相坊染，是商人兼營作坊或工廠的方式，也是當時商業經濟發展的實例。它豐富了宋代服飾紋樣的題材和內容，在歷史上具有一定深遠的價值。

多元融合：千變萬化的佩飾風格

宋代女子的髮型與化妝風格

　　宋代婦女的髮型的主要特點是喜歡高髻，她們為了使自己的髮髻變得高一點，就在裡面摻上假髮，據說宋代婦女的高髻還有高達兩尺的危髻，這些都是追趕時髦的結果。

　　宋代婦女的髮式主要是髻，可分為高髻、低髻。高髻多為貴婦所梳，一般平民婦女則為梳低髻。常梳的髮髻主要有高冠長梳、三髻丫、朝天髻、同心髻、女真妝、懶梳髻、包髻、垂肩髻、丫髻、螺髻等。

　　高冠長梳簡稱冠梳，是高髻的一種。宋代城市經濟發達，都市婦女非常喜愛高冠長梳這種髮髻式樣。都市經濟的繁榮使得奢靡之風盛行，反映在大都會的婦女的髮型上──特別喜愛高冠大髻大梳。

　　冠梳是北宋婦女髮型上最有特點的一種裝飾。它的種類繁多，其中有一種白角冠配合白角梳使用的冠梳流行於宮中，這種冠很大，有至三尺，有至等肩者。冠是用漆紗、金銀和珠玉等製成的，一般很大，有的冠長達三尺，有的和兩肩一樣寬，

冠上插的梳子也很長，而且不止一把。

三髻丫是指梳三髻於頭頂。南宋詩人范成大曾詩說「白頭老媼簪紅花，黑頭女娘三髻丫」。宋代的少女也梳三髻的髻式。這種髮式俏麗、活潑，易於為少女所喜愛。

朝天髻是富有時代性的一種高髻。其做法是先梳髮至頂，再編結成兩個對稱的圓柱形髮髻，並伸向前額。另還須在髻下墊以簪釵等物，方使髮髻前部高高翹起，然後再在髻上鑲飾各式花飾、珠寶，整個髮式造型渾然一體，別具一格。朝天髻需用假髮摻雜在真髮內。所以在當時還出現了專賣假髮的店鋪。

同心髻與朝天髻有類似之處，但較簡單，梳妝時將頭髮向上梳至頭頂部位，挽成一個圓型的髮式，再用朝天髻固定。髮髻根繫紮絲帶，絲帶垂下如流蘇，因此也叫流蘇髻或墮馬髻。

北宋後期，婦女們除了仿契丹衣裝外，又流行作束髮垂胸的女真族髮式，這種打扮稱為女真妝。開始時流行於宮中，而後遍及全國。

包髻的做法是在髮式造型已經定型以後，再將絹、帛一類的布巾加以包裹。此種髮式的特徵在於絹帛布巾的包裹技巧上，將其包成各式花形，或做成一朵浮雲等物狀，裝飾於髮髻造型之上，並飾以鮮花、珠寶等裝飾物，最終形成一種簡潔樸實，又不失為精美大方的新穎髮式。

多元融合：千變萬化的佩飾風格

懶梳髻通常是教坊中女伎於宴樂時所梳的一種髮式；垂肩髻顧名思義就是指髮髻垂肩，屬於低髻的一種。至於丫髻、螺髻，則都是尚未出嫁的少女所梳的髮式。

宋代婦女的頭飾非常豐富，特別到了南宋後期，由於禁令鬆弛，婦女的頭飾，尤其是貴族婦女的頭飾就更加的絢麗多彩了。為了能使自己更加美麗，她們還在髮髻的上下左右插上簪釵，常見的簪釵有鳥形、花形、鳳形、蝶形等等。

宋代婦女崇尚插梳，而且十分普遍，可以說到了如癡如醉的程度。有的時候，由於左右插的梳子過多，在上轎或進門的時候只能側著頭進。這種情況還引起了朝廷的注意，對冠和梳的長度做了規定。宋仁宗曾下詔禁止以白角為冠，冠廣不得過一尺，梳長不得過四寸，藉以抑制奢侈之風。這種簡樸的裝飾後來普及到民間，並成為婦女的一種禮冠。

宋代婦女還有戴花冠的習俗，她們頭上除了戴冠，插簪以外，還插上各種各樣的花，有的是鮮花，有的是假花。當時有一種叫「一年景」的花冠，就是把四個季節的花齊備地插在冠上，很受婦女們的喜歡。

宋代婦女戴的有白角冠、珠冠、團冠、花冠、垂肩等。在髮型上插上的有金、玉、珠、翠、花枝、簪子、釵、篦、梳等。

宋代的貴族女子冠飾，在沿襲前世高冠、花冠的基礎之

上,冠的形狀愈加高大,裝飾也愈加豐富。冠後常有四角下垂至肩,冠的上面裝飾有金銀珠翠、彩色花飾、玳瑁梳子等。戴這種高大的冠飾坐轎子時,必須側著頭才能進轎門。

宋代女子妝容極為素潔,妝容淡雅、樸素,所以對宋代的妝容介紹就要少於唐代多了,沒有了唐代繁榮奢華,豐富多彩,有的只是自然美。

宋代婦女講究眉式,佩戴耳環,不論皇后還是宮女,常把眉畫成寬闊的月形,然後在月眉的一端或上或下用筆暈染,由深及淺,向外散開,別有風韻。宋代婦女的耳環,有的用金絲打製成「S」型,一端作尖狀,一端成薄片,在薄片上浮雕花卉。

宋代婦女佩帶香囊。青年男女離別時,女方常以香囊相贈,留作紀念。有的用素羅製成,繡有鴛鴦蓮花,背面平紋素紗,沿口用雙股褐色線編成花穗作為裝飾。

宋代婦女外出或成婚,頭上要戴蓋頭。從反映宋代社會風俗的古籍《東京夢華錄》和《事物紀原》上得知,蓋頭主要有兩種:一種是在唐代風帽的基礎上改制而成的,用一塊帛縫成個風兜,套在頭上露出面孔,多餘部分披在背後。有的將布帛裁成條狀,由前搭後,只蒙蓋臉部及腦後,耳鬢部分顯露在外。另一種是一塊大幅帛巾,多為紅色,在結婚入洞房時女方用它遮面。

多元融合：千變萬化的佩飾風格

據反映南宋人文掌故的《夢梁錄》記載，成親前三天，男方要向女方贈送一塊催妝蓋頭。是美人還是醜女，揭開蓋頭才見分曉。蓋頭的習俗延續了上千年。

宋代的花鈿樣式比較少，但是很精緻。宋代婦女對花鈿有著特別的喜好，除了用黑光紙剪成各種形狀貼在臉上之外，甚至還將魚腮貼在臉上，還給予一個好聽的名字「魚媚子」。一些追求時髦的婦女更是將額前，眉間貼上小珍珠作妝飾。眉間貼上小珍珠作飾物，這是由傳統梅花妝發展而來的。

宋代婦女也有點唇的習俗，即以唇脂一類的化妝品塗抹在嘴唇上。唇脂的主要原料是「丹」，是一種紅色礦物，也叫朱砂，用它調和動物脂膏製成的唇脂，具有鮮明的色彩光澤。宋代唇紅的範圍比唐代要少很多，顯得更加自然一點。

宋代女子流行畫眉黛。遠山黛在宋代十分盛行，妝容以清新高雅為主，強調自然膚色及提升氣質為主題。不過突出的還是「倒暈眉」，其呈寬闊的月形，而眉毛端則用筆暈染由深及淺，逐漸向外部散開，別有一番風韻。

宋代女子的腰間配飾有很多，玉環是常見的一種。在山西太原晉祠聖母殿的宋代彩塑女子就配有玉環。宋代服飾尚古，而古代儒家禮儀規定，女子行不得露足，玉環在宋代除了裝飾作用之外就被用作女子的壓裙之物。一般佩戴兩個，左右各

一，壓住裙角，防止行走時裙裾散開有傷風雅。因為這種飾物會限制女子的行動，所以又被稱作禁步。

玉環這種飾物可以說是為儒家禮儀服務的，從此處也可以看出宋人極為重視女子的端莊之美。不能露足，行走時步幅就必須放小，步頻放慢，這樣走起路來更顯端莊。再加上白角冠，會讓女子更顯端莊、大方。

宋代女子的髮飾不像唐代那般華麗盛大，面部的妝扮也不像唐代那麼濃豔鮮麗。總而言之，宋代婦女的整體造型給人一種清雅、自然的感覺。

【旁注】

白角：即經過磨製後的白色牛角、羊角，用它製成的梳子叫白角梳。白角冠，即一種插有白角梳的冠，它極受宋代京都貴婦們的推崇。宋朝女子戴冠成為風尚，白角冠便是其中的一種。北宋宮中曾盛行白角冠，人爭效之，號內樣冠，名曰垂肩、等肩，至有長三尺者。

教坊：唐高祖李淵置內教坊於宮中，掌教習音樂，屬太常寺。唐玄宗時又置內教坊於蓬萊宮側，京都置左右教坊，掌俳優雜技，教習俗樂，以宦官為教坊使，後遂不再屬太常寺。此後凡祭祀朝會用太常雅樂，歲時宴享則用教坊俗樂。宋、金、

多元融合：千變萬化的佩飾風格

元各代亦置教坊，明置教坊司，司禮部，清廢。

浮雕：是雕塑與繪畫結合的產物，用壓縮的辦法來處理物件，靠透視等因素來表現三維空間，並只供一面或兩面觀看。浮雕一般是附屬在另一平面上的，因此在建築上使用更多，用具器物上也經常可以看到。由於其壓縮的特性，所占空間較小，所以適用於多種環境的裝飾。

彩塑：漢族民間手工藝品之一，以黏土加上纖維物、河沙、水，糅合成的膠泥為材質，在木製的骨架上進行形體塑造，陰乾後填縫、打磨，再著色描繪的作品稱彩塑。由擺放位置與使用範圍可分石窟彩塑、廟宇彩塑、陵墓彩塑和民俗彩塑四類。

【閱讀連結】

插梳的習俗很早就有，而宋代開始盛行。貴婦們在金銀珠翠製成的冠上插上數把白角長梳，左右對稱。這種冠飾造價及其昂貴，宋仁宗因為厭惡白角冠的奢侈而下詔禁止以白角為梳為冠，而宋仁宗去世後，插梳不但恢復如故而且更勝。

宋代貴婦們如此推崇白角冠，主要是精選的白角經過磨製後製成的梳子呈透明白色，近似琉璃又不似琉璃的透明閃亮，反倒能把人的眼睛襯托得更加明亮漂亮，而且與金銀珠翠製成的冠相呼應，便顯得端莊而富貴。

遼金西夏服飾的民族特色與融合

遼、金和西夏分別是中國北方少數民族契丹族、女真族和党項族建立的政權,遊牧民族與中原漢族的多民族大融合,促使中華服飾文化胡漢合流。

在裝飾紋樣方面,因為漢族的傳統紋樣題材內容往往具有豐富的政治倫理內涵,而這些內涵又恰恰能為鞏固封建的政治制度服務,因而為其他少數民族政權所樂於吸收。

契丹族是中國北方的一個古老的遊牧民族,在其長期的歷史發展中,形成了自己獨特的草原服飾文化。遼國建立後,由於耶律阿保機思想開明,遼國以其兼容並蓄、開放接納的民族政策,廣泛地與其他民族進行交流學習,吸取其他民族的優秀文化。再加上自身特有的草原文化背景,使遼國的服飾紋樣更加豐富,也更具有其觀賞性。

契丹族的服飾紋樣,從出土的實物來看,有龍、鳳、孔雀、寶相花、瓔珞等,多與中原漢族裝飾紋樣的風格相同。

遼代初期服飾以長袍為主,男女皆然,上下同制。長袍的

多元融合：千變萬化的佩飾風格

顏色比較灰暗，有灰綠、灰藍、赭黃、黑綠等幾種，紋樣也比較樸素。

遼代貴族階層的長袍，大多比較精緻，通體平鋪花紋。其中的龍紋是漢族的傳統紋樣，在契丹族男子的服飾上出現，反映了民族之間的相互影響。

漢服在遼代被稱為「南班服飾」。它與契丹族的「國服」即北班服飾有所不同。

遼寧法庫葉茂臺出土的相當於北宋時期遼墓的棉袍，上繡雙龍、簪花、羽人、騎鳳、桃花、鳥、蝶，則與北宋漢族裝飾紋樣風格一致。山西遼墓出土的絲綢如穿枝花鸚鵡瓔珞及小團紋牡丹等，形式更與北宋相同。

中國曾經展出一件〈緙絲花鳥紋袍服片幅〉，這幅緙絲的花鳥紋飾與北宋緙絲紫湯荷花、紫天鹿等風格相近，而其上部作開光雲肩的範圍內有一個紅色圓形，圓形中飾有一隻三足鳥，象徵太陽，顯然這是承襲了隋唐以來皇帝禮服有「肩挑日月，背負星辰」的紋飾的做法，而這件袍料的紋樣佈局及整體風格，又與華夏民族的龍袍不同，是遼國國王早期袍服的面料。

金代是女真族建立的政權。金代女真族地域土產的各種野生動物毛皮、珍珠、金為其民族服飾文化提供了豐富的原材

料，因此，金代女真族服飾中大量使用珍珠進行針繡圖案，並大量使用金錦、印金和金箔貼金繡織物製作衣服和鞋。

金代常服春水之服，繡鶻捕鵝、雜以花卉。秋山之服以熊鹿山林為題材，這與女真族生活習俗有關。

金代儀仗服飾，以孔雀、對鳳、雲鶴、對鵝、雙鹿、牡丹、蓮荷、寶相花為飾，並以大小不同的寶仙花區別官階高低，題材也與唐宋時期漢族裝飾圖案相類，而圖案形式，則與元代相近。

金代女真族貴族對金的崇尚和追求，因此，金代女真族貴族服飾尤以金錦、印金、貼金針繡為榮耀，以金飾品的多少為富貴，以金錦紋樣花型的大小決定地位和富貴程度。

西夏的服裝面料實物，在銀川西郊西夏陵區 108 號陪葬墓墓室中曾出土一些絲織品殘片，其中有正反兩面均以經線起花，經密緯疏的閃色織錦，有緯線顯花空心「工」字形幾何花紋的「工字綾」，是一件珍貴的歷史文物。

在內蒙古黑水城遺址以東 20 公里的老高蘇木遺址出土了穿枝牡丹紋和小團花紋絲織品殘片，以及牡丹紋刺繡殘片，作風寫實，具有民間氣息，與宋代裝飾藝術作風一致。

內蒙古黑水城老高蘇木西夏遺址出土的牡丹紋、小團花紋絲織刺繡紋樣及銀川西夏陵區出土的工字紋綾紋樣，與宋代漢

多元融合：千變萬化的佩飾風格

族裝飾藝術風格一致。

總之，遼金西夏服飾紋樣既受中原漢服紋樣的影響，也不同程度地保留了本民族的特色，反映了各個民族之間服飾文化上的交流與融合，在中國服飾史上占有重要地位。

【旁注】

瓔珞：古代用珠玉串成的裝飾品，多用為頸飾，又稱纓絡、華鬘。瓔珞原為古代印度佛像頸間的一種裝飾，後來隨著佛教一起傳入中國，唐代時，被愛美求新的女性所模仿和改進，變成了項飾。它形式比較大，在項飾中最顯華貴。

羽人：傳說身長羽毛或披羽毛外衣能飛翔的人，最早出現在《山海經》，稱羽民。漢代思想家王充稱「身生羽翼，變化飛行，失人之體，更愛異形。」道教將道士稱羽士，將成仙稱羽化登升。羽人因身有羽翼能飛，因此與不死同義。

緙絲：又稱「刻絲」，是中國漢族絲織業中最傳統的一種挑經顯緯，極具欣賞裝飾性的絲織品。宋元以來一直是皇家御用織物之一，常用以織造帝后服飾和摹緙名人書畫。因織造過程極其細膩複雜，摹緙常勝於原作，而存世精品又極為稀少。有「一寸緙絲一寸金」和「織中之聖」的盛名。

金錦：以金縷或金箔切成的金絲作緯線織製的錦。中國古

代絲織物加金約始於戰國十六國時已能生產織金錦。北方遊牧民族酷愛織金錦，蒙古族、契丹族、女真族的上層達官貴人的衣著崇尚用金，並以此顯現他們的財富和地位。

【閱讀連結】

「羽化成仙」、「長生不死」是古人長期以來就已經形成的生死觀，在他們的靈魂深處，得道升仙是塵世生活的最終歸宿。中國古典文獻對此也多有記載，其中有關羽人形象的描述也被人們傳承與發揮，並且隨著時間的推移，在生活的各個方面都有體現。

北宋時期，羽人的形象曾經作為服飾紋樣出現在遼國的服裝上，其形象變化繁複，頭緒紛雜，反映了當時的人們對神人、仙人的認識和對神仙生活的嚮往，也表達了長生不老的願望。

多元融合：千變萬化的佩飾風格

元代服飾紋樣與佩飾的發展

元代紡織、印染、刺繡等工藝的進步，決定了元代服飾紋樣的題材和表現方式。隨著社會生產力的發展，元代染織刺繡工藝繼宋、金之後又進入了新的發展時期。

元代內廷設官辦織繡作坊 80 餘所，產品專供皇室使用。綾綺局、織佛像提舉司等官辦織繡作坊所繡織的御容像、佛像等，應該是元代織錦業重大發展的代表，而「納石矢」則是其絲織業的新成就。

「納石失」最初是由阿拉伯工匠以金絲色線織成，地色與金絲交相輝映，富麗堂皇，故亦名織金錦，對後世織金錦緞的發展有一定影響。

具有悠久歷史的蜀錦在元代仍盛行不衰，著名者為蜀中十樣錦。綾、羅、綢、緞、絹、紗等各地均有織造，其中緞織物業已成熟，益臻精美，集慶紗、泉緞、魏塘機絹等都是元代絲織名品。

由於元代染織刺繡工藝的發展，使得服飾紋樣的效果更為

精巧細緻。從題材內容和裝飾風格上看，元代的服飾紋樣大都在承襲兩宋裝飾藝術傳統的基礎上發展，只有少數織金錦紋樣糅入一些西域圖案。

元代王室服飾大多用織金，如織金胸背麒麟，織金白澤，織金獅子，織金虎，織金豹，織金海馬。另有青、紅、綠諸色織金骨朵雲緞、八寶骨朵雲、八寶青朵雲細花五色緞等花樣。

元代的服裝曾先後在內蒙古集甯路故城、山東鄒縣李裕庵墓、蘇州張士誠母曹氏墓等處出土。

內蒙古集甯路元代故城出土的繡花夾半臂，衣長 62 公分，兩袖通長 43 公分，袖寬 34 公分，領口深 3.5 公分，腰寬 53 公分，下擺寬 54 公分，用棕色四經絞羅作面料，衣領及前襟下部用挖花紗縫拼，米黃色絹作裡，兩肩所繡花紋極其精細。

繡有坐於池旁柳下看鴛鴦戲水的女子、坐於楓林中的男子、揚鞭騎驢的女子以及蓮荷、靈芝、菊、蘆草、鶴、鳳、兔、鹿、鯉、龜、鷺鷥等鳥獸花草。其餘衣身繡散點折枝花。繡法近於蘇繡針法。

山東鄒縣元李裕庵墓出土的有男綢袍、女斜裙等。有一件香黃色梅雀方補菱紋暗花綢夾半臂，補內織寫實的梅樹、石榴樹、雀鳥、萱草等，雀鳥棲於樹枝上對鳴呼應，極為生動。

多元融合：千變萬化的佩飾風格

女裙為駝色荷花鴛鴦暗花綾製作，由蓮花、鴛鴦、紅蓼、茨菰、雙魚、四瓣花、水藻等排成滿地散點，下襯曲水紋。

香黃色如意連雲暗花綢女夾袍，為交領、右衽、窄袖、腋下打襉，後中縫及左邊開氣，圖案為穿枝靈芝間以古錢、銀錠、珠、金錠、火珠、犀角、珊瑚等雜寶，花紋單位為寬公分、長公分。

蘇州張士誠母曹氏墓出土的綢裙和緞裙，圖案為團龍戲珠、祥雲八寶、雙鳳牡丹及穿枝寶仙等，基本上都繼承了宋代寫實的裝飾風格和柔麗之風。

除此之外，在新疆烏魯木齊市南郊鹽湖 1 號古墓出土的黃色油絹窄袖辮線襖，肩領袖及襟邊所鑲「納石失」，紋樣造型粗獷，反映了蒙古遊牧民族的審美愛好。這件襖與北京故宮博物院所藏元代紅地龜背團龍鳳紋「納石矢」佛衣披肩的圖案，風格一致。

元代服裝佩飾物中的玉佩，繼承了前朝的有帶鉤、環、魚墜等器，並新興有帶扣、帽鈕等。

江蘇省無錫市錢裕墓出土的玉帶鉤是元早期之物，鉤首以陰刻蓮花為飾，腹面鏤空蓮花水藻紋，它是元代絛環的組件。西安市小寨瓦胡洞出土的白玉蒼龍教子帶鉤，腹上飾起凸小螭龍。

這兩件腹上均有起凸裝飾的帶鉤，是元代玉鉤的新形式，但此件出土玉帶鉤並無條環，疑其不夠完整。

從元世祖時的掌道教之官馮道真所用的銅帶鉤、玉環、絲帶可知，與帶鉤相配套的是玉環。馮道真所用玉環為橢圓形。

甘肅漳縣汪世顯家族墓出土絲帶和玉帶鉤，也是腰束帶。此帶有鉤無環，鉤為獸首，腹亦有起凸紋飾，可知鉤環組合比較靈活，可因人制宜，不必強求一致。如帶鉤可配環，亦可不配環，而鉤環搭配的北京故宮博物院收藏的白玉龍首帶鉤環即屬前者。

龍首鉤的琵琶腹上亦飾鏤空茶花紋，與錢裕玉帶鉤相似；帶環飾隱起雲紋，首飾起凸升龍，碾工精美，應為元初內廷玉作所製，也是一套不可多得的鉤、環齊備的玉帶鉤環。青白玉螭紋連環帶環碾琢精湛，是元代帶飾佳作。

安徽省安慶市範文虎墓出土的玉垂雲飾、其妻陳氏腹上的玉茄形佩，均為陽文邊線，內減平素，屬於素面玉飾，使人們便於欣賞玉質美。

元人喜愛首飾，出土或傳世的金銀首飾較多，但玉首飾卻很少。錢裕是五代十國著名的歷史人物、吳越王錢鏐的後人，墓中曾發現其陪葬品有春水玉與玉帶鉤。

春水玉被列為國家一級文物，為橢圓形，器身遍布黃土沁

多元融合：千變萬化的佩飾風格

及灰斑，正面呈弧形隆起，採用鏤空透雕製作，雕刻的是當時常見的鶻攫天鵝題材。整件作品以水、荷花、蘆葦等為背景，一隻天鵝張口嘶鳴，驚恐地展翅潛入荷叢之中隱藏，荷葉上方有一隻細身長尾的鶻，正回首尋覓，伺機攫捕天鵝，形象生動，動態十足。

玉帶鉤的鉤首裝飾荷花蓮蓬，鉤身以淺浮雕技法刻劃荷花，荷葉和水草，鉤頸部曲度較大，成鉤狀，以便穿帶。

【旁注】

納石矢：用鏤金法織成的織金錦。納石矢為蒙古語音譯，同「納石失」、「納赤思」。紋樣近波斯風格，故有譯納石矢為「波斯金錦」者。元代由綾錦織染提舉司、織染人匠提舉司別失八裡局織造納石矢，太府監所屬內藏庫掌管出納御用諸王段匹、納石矢紗羅等，做成質孫服，供天子百官內廷大宴時穿著。

蘇繡：漢族優秀的民族傳統工藝之一。蘇繡的發源地在蘇州吳縣一帶，現已遍布很多地區。清代是蘇繡的全盛時期，可謂流派繁衍，名手競秀。蘇繡具有圖案秀麗、構思巧妙、繡工細緻、針法活潑、色彩清雅的獨特風格，地方特色濃郁。繡技具有「平、齊、和、光、順、勻」等特點。

吳越：中國五代十國之一。錢鏐所建。唐末五代藩鎮割據，戰亂頻仍，錢鏐採取保境安民和「休兵息民」的戰略方針，重農桑、興水利，與日本、朝鮮等國海外往來，使兩浙之地有一個較長的穩定發展時期。全盛時疆域設 13 個州，地域包括浙江、江蘇西南部、福建東北部。

【閱讀連結】

元代立國後，著手建立織造局，有的織造局專門生產納石失，即織金錦，以滿足宮廷和諸王、百官的需求。元代還曾將新疆的 300 多戶織金綺工人，遷移到弘州，建立織局織造納石失，另外還有專門掌管織造皇帝御用領的弘州納石失局等管理機構，可見元代納石失的生產規模之大。

納石失技術反映了元代較高的金絲織物織造水準，並為明清兩代的織金錦、織金緞、織金綢、織金紗、織金羅等多種金絲織物奠定了技術基礎。

多元融合：千變萬化的佩飾風格

元代男女頭飾的豐富與多樣性

元代雖與金代同好辮髮，但辮髮樣式則大相徑庭，上至帝王下至百姓，男子都梳理成一種名為「婆焦」的髮式，如同漢族兒童梳理的三搭頭的樣式。

婆焦的梳理方法是將頭頂正中及後腦頭髮全部剃去，只在前額正中及兩側留下三搭頭髮，正中的一搭頭髮被剪短散垂，兩旁的兩搭綰成兩髻懸垂至肩，以阻擋向兩旁斜視的視線，使人不能狼視，稱為「不狼兒」。

髡髮也是元代男子普遍梳的髮式，其髮式梳理方法是先將頭頂部分毛髮全部剃光，在兩鬢或前額部位留下少量頭髮。還有在前額保留一排短髮，耳邊的鬢髮則自然披散。更有將二邊頭髮梳理成各種隨意的髮式，作自然下垂狀。

在中國歷代文獻中，關於婦女頭飾的記載都多於男子，其原因與婦女自然屬性、頭飾的獨特風格和華貴裝束有關。元代婦女的頭飾蒙古語稱「包閣塔格」，漢語名稱稱為「顧姑」、「故姑」、「古固」等。

蒙古語稱呼與蒙古汗國時期已婚婦女髮髻名稱有關。據《蒙古秘史》中記載，已婚婦女有兩種髮型，一種是左右梳兩辮垂於胸前的髮式稱「希布勒格爾」，另一種則是纏在頭頂上的髮髻，稱「包閣塔拉乎」。

在西元 1220 年代至 1240 年代，到過蒙古地區的東西方使者和旅行家，如南宋的趙珙、彭大雅、李志常，西方的維廉‧魯布魯公克等，對此皆有描述。

其中威廉‧魯布魯克在《蒙古遊記》中對元代婦女的頭飾的描述最詳細：婦女們也有一種頭飾，他們稱之為孛哈，這是用樹皮或她們能找到的任何其他相當輕的材料製成的。這種頭飾很大，是圓的，有兩隻手能圍過來那樣粗，有約 46 公分至 56 公分高，其頂端呈四方形，像建築物的一根圓柱的柱頭那樣。這種孛哈外面裹以貴重的絲織物，它裡面是空的。在頭飾頂端的正中或旁邊插著一束羽毛或細長的棒，同樣也有一肘尺多高；這一束羽毛或細棒的頂端，飾以孔雀的羽毛，在它周圍，則全部飾以野鴨尾部的小羽毛，並飾以寶石。富有的貴婦們在頭上戴這種頭飾，並把它向下牢牢地繫在一兜帽上，這種帽子的頂端有一個洞，是專作此用的。她們頭髮從後面挽到頭頂上，束成一個髮髻，把兜帽戴在頭上，把髮髻塞在兜帽裡面，再把頭飾戴在頭上，然後把兜帽牢牢地繫在下巴上。

據相關文獻資料和傳世繪畫證實，威廉‧魯布魯克描述的

多元融合：千變萬化的佩飾風格

這種頭飾有大、中、小三種，由於婦女所處地位的不同，所戴之「包閣塔格」有大、中、小不同，在禮節性的場合均要戴之。已婚婦女還有塗搽面孔，加以裝飾的習俗。

元代婦女金首飾多有精品，如山西靈丘曲回寺村出土的一批金飾銀器。有金花步搖、纏枝花耳墜、內向雙飛蝴蝶簪、牡丹花金耳墜、雙鳳金步搖等等，金銀相間，造型之多，令人目不暇給。

其中金花步搖帶寶石重 4.8 公克，總長 4.07 公分，寬 2.56 公分。步搖的紋飾也是由兩股花絲掐製的典型纏枝卷草紋，單股花絲直徑 0.13 毫米。

步搖周圍環繞著一圈由小金珠組成的魚子紋，小金珠直徑 0.5 毫米。中心石碗內鑲嵌一顆綠松石。纏枝卷草紋的中心有 7 個小金珠組成的花朵。

步搖的頂端有一個兩股素花絲盤繞的金圈，圈徑 0.46 毫米，像繫在某一飾物如「簪」或「釵」上。雙側和底部有 5 個同樣的小金圈。步搖的背面用 0.06 毫米厚的金片咬合於步搖的大邊上，大邊則是由 7 圈辮絲、素絲、祥絲組成。

曲回寺出土的金飾共 16 件，總重 121.38 公克；銀器 4 件，總重 295.83 公克。首飾有：蜻蜓金釵一對、牡丹花耳墜一對、雙鳳金簪一對、飛天金簪一件、柳鬥紋銀罐一件、銀碗兩件、

龍首盂一件。這批金銀飾品的製作工藝可分為掐絲、鏨花、澆鑄、打胎等。

上述這批器物，經多位專家鑒定，基本一致斷代為元代，可謂元代金銀頭飾的代表。這些出土的金飾為元代女子的飾品，距今已有七八百年的歷史了。

【旁注】

三搭頭：元代蒙古族男子髮式，又稱「不狼兒」。先在頭頂正中交叉剃開兩道直線，然後將腦後一束頭髮全部剃去，正面一束或者剃去，或者加工修剪成各種形狀，任其自然覆蓋於額間，再將左右兩側頭髮編製成辮子，結環下垂至肩。

曲回寺：又稱哭回寺，位於山西大同靈丘西南曲回寺村。由唐代大禪師慧感創建，是五臺山佛寺的下院，與五臺山禪宗佛寺有密切的聯繫，其規模宏大實為罕見。曲回寺曾經出土大批金飾銀器，為了解當時的服飾文化提供了實物資料。

絲掐：即掐絲，是將金銀或其他金屬細絲，按照墨樣花紋的彎曲轉折，掐成圖案，黏焊在器物上，稱為掐絲。此項工藝不僅在寶石、金銀飾上運用，琺瑯器也運用，如掐絲琺瑯器等。是景泰藍製作中最關鍵的裝飾工序。

鏨花：中國古代金工傳統工藝之一。用小錘敲擊各種大小

多元融合：千變萬化的佩飾風格

不同的金屬鏨子，在金屬表面留下鏨痕，形成各種不同的紋理，使單一的金屬表面產生多層次的立體裝飾效果。此種工藝始於春秋晚期，盛行於戰國，至今依然為匠師們沿用。

【閱讀連結】

西元 1221 年，南宋派都統司計議官趙珙出使燕京，與蒙古議事。趙珙把自己見聞的材料著錄成書，這就是《蒙韃備錄》。書中記錄了蒙古國的軍政、官制、風俗、婦女等，是研究當時蒙古和幽燕一帶歷史的重要史料。

在《蒙韃備錄》一書中，趙珙對蒙古婦頭飾描述道：「凡諸酋之妻則有顧姑冠，用鐵絲結成，形如竹夫人，長 3 尺許，用紅青錦繡或珠、金飾之，其上又有杖枝，用紅青絨飾之。」這些描述，為後世了解元代佩飾文化提供了重要的史料。

華麗綻放：
時尚審美與精緻工藝

華麗綻放：時尚審美與精緻工藝

明清時期，是中國封建社會發展的鼎盛時期，佩飾藝術也獲得了前所未有的發展，呈現出新的氣象。明代靈活的服飾紋樣，全民佩玉習俗，以及婦女的頭飾，都給人不同以往的藝術感受。清代服飾圖案體系龐大，是中國古代服飾文化中一筆寶貴的財富。尤其清宮后妃的飾物與妝容，達到了內在美和外形美的統一。

明清時期的佩飾都有實用、美飾和標示社會地位的作用，只不過古代佩飾更突出實用性，而後世更著重其美化功能罷了。

明代靈活多變的服飾紋樣與設計

　　明代的服飾紋樣，包括皇帝龍袍的紋樣，宮中的時令服裝花式，服飾紋樣中的吉祥圖案、動物圖案、自然氣象紋、幾何圖形紋樣、人物紋樣等，其變化有一定靈活性。

　　明代龍袍中的袞服主要紋飾為十二章，其中團龍12條，用孔雀羽線緙製，前身、後身各3條，兩肩各1條，下擺兩側各2條。日、月、星辰、山川紋分布在兩肩、盤領背部下方和肩部。4只華蟲在肩部下側。宗彝、藻、火、粉米、黼、黻織成兩行，相對排列於大襟上。

　　明代龍袍中的4條團龍袍在前胸、後背、兩肩各飾團龍紋1條。胸、背為正面龍，兩肩為行龍。袍身還織有暗花。

　　柿蒂形龍袍在盤領周圍的兩肩和前胸後背部位劃出一個柿蒂形裝飾區，用金邊標示之。在區內前胸後背各飾1條正面龍，兩肩各飾1條側身龍，方向相向，靠近金邊用海水江牙紋為飾。金邊以外部位織其他暗花。或在前胸後背及兩肩各飾2條行龍。

華麗綻放：時尚審美與精緻工藝

　　柿蒂形過肩龍袍在盤領周圍的柿蒂形裝飾區內飾兩條過肩龍，龍頭1條位於前胸，1條位於後背，均為正面形，龍身各向肩部繞過。明代稱這種形式為「喜相逢」。其他部位織暗花。

　　明代宮中根據時令變化，換穿不同質料的服裝，並吸收民間風俗，加飾象徵各個時令的應景花紋。

　　比如五月初一起至十三的端午節，宮眷和內臣們穿五毒艾虎補子蟒衣。五毒指蠍子、蜈蚣、蛇虺、蜂、蜮。艾虎為口銜艾葉的老虎，寓驅毒避邪的意思。

　　再如八月十五的中秋節，宮中賞秋海棠、玉簪花，穿月兔紋衣服。古代神話說月中有月兔，故以玉兔代月。

　　明代服飾紋樣中的吉祥圖案，利用象徵、寓意、比擬、表號、諧意、文字等方法，以表達它的思想含義。

　　比如象徵方法，就是根據某些花草果木的生態、形狀、色彩、功用等特點，表現特定的意象。例如：石榴內多子實，象徵多子；牡丹花型豐滿色彩嬌豔，被詩人稱為「國色天香」、「花中之王」、「花中富貴」，故象徵富貴；靈芝可以配藥，久服有強身作用，象徵長壽等等。

　　明代服飾中常見的動物圖案有現實中的動物，如獸類中的獅子、虎、鹿。飛禽類中的仙鶴、孔雀、錦雞、鴛鴦、鸂鶒、喜鵲。魚類的鯉魚、鯰魚、鱖魚。昆蟲類的蝴蝶、蜜蜂、螳螂

等等，同時還有想像中的動物龍、鬥牛、飛魚、麒麟、獬豸、鳳凰等。

明代服飾中的自然氣象紋以雲紋最突出，雲紋有四合如意朵雲，四合如意連雲，四合如意七竅連雲，四合如意靈芝連雲，四合如意八寶連雲，八寶流雲等。雷紋一般作為圖案的襯底。水浪紋多作服裝底邊等處的裝飾。也有作落花流水紋的。

明代服飾中的器物紋樣有很多，比如：燈籠紋是元宵節應景的紋樣；樗蒲紋為散排的兩頭尖削中間寬大的梭形紋樣，梭形內常填以雙龍、龍鳳、聚寶盆等花紋；八寶紋由珊瑚、金錢、金錠、銀錠、方勝、雙角、象牙、寶珠組成，象徵富有；七珍紋由寶珠、方勝、犀角、象牙、如意、珊瑚、銀錠組成，同樣象徵富有。

明代服飾中的幾何紋樣有三種類型：一是八達暈、天花、寶照等紋樣單位較大的複合幾何紋，基本構造由圓形和「米」字格套合連續而成，並在其中填繪花卉和細幾何紋。這類花紋只少量用於服飾。

二是中型幾何花紋，如盤條紋、雙距紋、毬路紋等。有一部分用於日常服裝。

三是小型幾何紋，如方勝紋，為菱形相疊的紋樣，古時稱之為長命紋。再如四合和四出紋，四合是向心的，象徵團聚，

華麗綻放：時尚審美與精緻工藝

四出是離心放射的，象徵發展生長等。

明代服飾中的人物紋樣主要有仕女、太子、神仙、佛像，以及百子圖、戲嬰圖等。

總之，明代服飾紋樣體現了當時人們的意識觀念，隨著時代的變化，舊的意識將漸漸失去原有的現實性，而它們所具有的材質、工藝、色澤、形式的美，則將留給後代無窮的享受。

【旁注】

團龍：是龍紋的一種表現形式，以龍紋設於一個既定的圓內，構成圓形適合的紋樣，稱為「團龍」。團龍紋飾源於唐代，明清兩代多用於皇家建築。「四團龍」、「八團龍」為明清的冠服圖案，後來又發展為「十團龍」、「十二團龍」、「十六團龍」等。

雷紋：青銅器紋飾之一。即以連續的方折迴旋形線條構成的幾何圖案。常見的有目雷紋、三角雷紋、波形雷紋、斜角雷紋、勾連雷紋等多種類型。在古代的手工陶器上，多有指紋，後人仿製，所以有了雷紋。雷紋也被用於服飾圖案。

仕女：仕女在宋以後多叫士女，代表的是中國古代那些美麗聰慧的女子，也是歷代畫家熱衷描繪的對象，國畫中還有專

門的「仕女畫」類別。此外，仕女也是明代服飾中的人物紋樣的主要內容之一。

【閱讀連結】

　　自古以來，結婚之時新娘的嫁妝中，就有百子圖的錦緞被褥，寓意喜慶和祝福，同時祝願新娘早得貴子、子孫滿堂、闔家和美，在送賀禮的親友中，也會有人送上百子錦緞被面。

　　明代有一幅〈百子圖〉畫，曾是明代服飾紋樣中人物紋樣的重要題材。〈百子圖〉高 210 公分，寬 170 公分，距今已經有 400 多年的歷史，屬於大型緙絲作品，是明代緙絲藝術瑰寶。

華麗綻放：時尚審美與精緻工藝

明代民間佩玉習俗與文化傳承

佩戴玉器是中國自古有之的傳統，明代也不例外。將佩玉看作可以去災避邪的神器。又以佩玉標榜自己的德行或作為對美好生活的追求，是古人共同的表達方式。同時佩玉的品種及材料的好壞體現了佩戴者的經濟地位以及審美。

明代佩玉是全民性的習慣，上自王宮大臣，下至一般百姓，都有自己的佩玉方式。明代民間流行的佩玉，大致可分為頭部玉飾，玉佩墜，腰帶飾玉等。

明代男人和女人的頭部飾玉各有不同。婦女的玉頭飾出現過髮簪、釵、梳、步搖嵌玉等。男人的頭部嵌玉有冠、帽正等，種類也是很多的。

帽正為帽子正面嵌的玉飾，使用帽正不僅好看，也易確定帽子戴時的取向。明人使用的帽正，不外乎玉、寶石、玻璃、金屬之類，而其形狀的變化又是多樣的。現在能確定的明代玉帽正，應為海棠式、長方、橢圓等樣式。

明代玉簪的實物，考古發掘中已出現多件。比如上海打浦

橋明代顧敘墓出土的明代白玉蘑菇頭髮簪，長 10.6 公分，柱狀，一端尖，另一端似蘑菇頭，歪向一側，其外刻有螭紋。

明代人有頭部飾玉的習慣，除帽正、髮簪外還不斷演變出其他樣式器物。比如明代士人所戴的方巾，殊形詭製，一巾之上再將片狀的玉飾綴於前部，並將玉環綴於頭兩側。而婦女則於頭上掛上各種形狀的玉件，有的玉件上還有山雲題，若花題，下長索貫諸器物。

山雲題在史書中又稱「山題」，是頭飾組合中的一部分，片狀，金屬製成，它的一側為細長的釵，插入髮簪中，另一側或嵌有物件，或用長索貫諸器物，或大或小，隨人體動作而搖動。

明代的玉佩墜多懸掛於人身，也可掛於杖頭，扇尾當作墜飾。婦女身上帶有玉佩件，行走時能發出音響，其中有玉雲龍霞帔墜、玉佩璫、玉綬花等。這些說明明代人用於人身佩墜玉件的複雜繁多。

明代的腰帶飾玉有鉤環、帶扣、帶穿和掛環、帶鉤等。玉鉤環是與玉帶鉤相搭配使用的環狀玉器。如故宮舊藏白玉環托龍戲珠飾件，圓形，中部凸起，中部有橫向條紋，為明代風格，加之作品錦紋琢製屬明代風格，確立為明代作品不會有異議。類似的明代作品，故宮舊藏玉器及傳世玉器中皆有所見。

華麗綻放：時尚審美與精緻工藝

帶扣是纏帶兩端的飾件，能起扣合的作用。上海市徐匯區龍華三隊明墓出土了一對明代荷雁紋帶飾，白玉質，鏤雕天鵝並纏枝蓮花。兩件玉飾圖案相同且方向相反。外側各留有能夠穿過絲帶的孔。

除一般規格的玉帶飾玉外，明代玉帶飾玉中還有很多特殊樣式。帶穿、掛環就是其中的兩類。

帶穿是革帶能從中穿過的帶飾，南京吳良墓出土玉帶，俞通源墓出土玉帶，皆在所嵌玉飾中各有兩塊方框狀、中空的玉件，是套於革帶之上的，皆光素無紋飾。吳良、俞通源皆明代初年洪武時人，墓中出土的玉帶穿形式應來源於宋元時期。

掛環是附於玉帶上可以掛東西的玉環。玉掛環的上部一般呈片狀，或釘於帶、或穿於帶，為玉帶飾，下部為環連接於玉帶飾之上。

考古發掘到的帶掛環的帶飾，還有黑龍江金上京遺址出土的瑪瑙器，南京明洪武四年汪興祖墓出土玉帶，江西明益宣王妃棺出土玉帶等。掛環所附玉飾皆片狀、團形，後兩組可釘於革帶。由此可看出，明初、明晚期的玉帶掛環，以釘於革帶上的作品為主。

玉帶鉤是明代最常見的玉帶飾，它在戰國早期開始流行，樣式也有多種。從使用來看，帶鉤主要分為兩種，一種為橫

鉤，用來繫結條帶，另一種是縱鉤，使用時鉤頭向下，鉤掛其他物品。

明代玉帶鉤的使用，受到了傳統玉器的影響，亦分為縱鉤及橫鉤兩種。縱向使用的鉤是掛鉤。橫鉤主要用於結帶，由於玉帶鉤主要與條繩配套，所以飾有帶板的玉帶一般不用玉鉤。

【旁注】

帽正：又叫帽準，俗稱「一塊玉」。多為正圓形，上大下小扁而平，底下有象鼻眼，綴在帽子正面。戴帽者對準鼻尖，所以叫帽正。唐、宋、元三代已有流行，明、清兩代使用較多。古代有德之士尤其喜歡這種飾物，以玉比德，代表著正人君子的形象。

鏤雕：一種雕塑形式，亦稱鏤空、透雕。是在浮雕的基礎上，鏤空其背景部分，有的為單面雕，有的為雙面雕。鏤雕指在木、石、象牙、玉、陶瓷體等可以用來雕刻的材料上透雕出各種圖案、花紋的一種技法。清乾隆時，這類工藝的水準達到了巔峰。

洪武：中國明代第一個年號，時間為西元 1368 年至 1398 年，當時在位皇帝為明代開國皇帝明太祖朱元璋。明洪武年間，實行了較開明的經濟政策，鼓勵生產發展，社會從元末的

華麗綻放：時尚審美與精緻工藝

戰亂中開始恢復，人口迅速增加，經濟快速發展，史稱「洪武之治」。

【閱讀連結】

葉永盛是明代萬曆年間進士，他為官清正，剛正不阿，多次榮獲皇帝的褒揚和嘉獎。他曾因珍藏皇帝所賜玉塊而倖免於難。

其時，宦官魏忠賢把持朝政，葉永盛深感大明日趨衰敗，便向明神宗辭職。臨別之際，明神宗將隨身所帶之佩玉辟為兩半，一半自留一半交葉，君臣依依惜別。不久，魏忠賢發覺葉永盛與東林黨有牽連，於是假傳聖旨召葉進京，企圖謀害。魏忠賢懾於葉永盛手中有半邊明神宗的佩玉，只得不了了之。

明代婦女的髮式與髮飾流行趨勢

明代婦女的髮式，雖不及唐宋時期豐富多樣，但也具有其時代特徵。明初女髻變化不大，基本為宋元時的樣式。

待明嘉靖以後，婦女的髮式起了明顯的變化。諸如桃心髻、雙螺髻、假髻、頭箍、牡丹頭等。

桃心髻是明代較時興的髮式，它的變形髮式，花樣繁多，諸如桃尖頂髻、鵝膽心髻、金玉梅花、金絞絲燈籠簪等。

桃心髻是把頭髮梳理成扁圓形，再在髻頂飾以花朵。以後又演變為金銀絲挽結，且將髮髻梳高，髻頂亦裝飾珠玉寶翠等飾物。

雙螺髻的狀類似於春秋戰國時期的螺髻。時稱「把子」，是江南女子偏愛的一種簡便大方的髮式，尤其是丫環梳理此髻者較多。其髻式特點是豐富、多變，且流行於民間女子。

假髻又稱鬆髻，是桃花髻的變形髮式，為明代宮中侍女、婦人所鍾愛。當時有「宮女多高髻，民間喜低髻」之說。

假髻形式大多仿古，製法為先用鐵絲編圈，再盤織上頭髮

即成為一種特別的妝飾物。明末清初特別盛行，在一些首飾店鋪，還有現成的假髻出售。

頭箍又名額帕，無論老婦、小女都非常盛行。有人認為頭箍是從原「包頭」演變而來，最初以粽絲編結而成為網住頭髮而已，清初時崇尚寬而後行窄，其目的為束髮用，並兼之裝飾性，取窄小一條繫在額眉之上。此裝飾物自明代始有。

牡丹頭是高髻的一種，蘇州流行此式，後逐漸傳到北方。明末清初著名詩人尤侗有詩說：「聞說江南高一尺，六宮爭學牡丹頭。」據說這種髮式高大，重者幾至不能舉首，鬢蓬鬆而髻光潤，髻後施雙綹髮尾。此種髮式，一般均充假髮加以襯墊。

明代婦女還在髮髻上，根據自己的喜好插有各種掛佩及髮簪等。比如明代婦女在假髻上常常戴有雲髻、蓮花冠等，她們最通行的做法，是用髻、雲髻或冠，把頭髮的主要部分，即髮髻部分，包罩起來。

明代女性出了嫁的婦女一般都要戴髻，它是女性已婚身分的象徵。未婚女子就不能戴髻，要戴一種叫「雲髻」的頭飾。如古典言情小說《金瓶梅》中的春梅在只是通房丫鬟的時候，就戴銀絲雲髻兒、翠花雲髻兒，其他3個通房大丫鬟也都戴同樣的雲髻。

比髻更高一級的是「冠」，這是官宦人家的正室夫人才能享受的特權。所以，「戴珠冠」在當時就成了做誥命夫人的代名詞。事實上，明代宮中妃嬪的日常打扮，與民間相差不遠，主要只是在材質上更豪華、更奢靡而已。

陳洪綬是明代末年的重要畫家，尤其擅長仕女畫。他的創作態度認真，隨時吸收唐宋繪畫的優良傳統，而又不斷創新，所繪作品勾勒精細，設色清雅，形成一種獨特的風格。

〈夔龍補袞圖〉是陳洪綬的代表作之一，畫面共3個仕女，前面一個年事稍大，穿著比較華麗，可能是一個貴婦，另外兩個年齡幼小，似宮女身分。其中一人手中托著一件袞服。3個婦女的服裝，樣式基本一致，都是宋代時期的典型裝束，有的肩上還搭有雲肩。有了這幅畫，後人有幸得以了解明代婦女裝飾的形象。

明代婦女在腰帶上往往掛上一根以絲帶編成的「宮絛」，一般在中間打幾個環結，然後下垂至地，有的還在中間串上一塊玉佩，藉以壓裙幅，使其不至散開影響美觀，作用與宋代的玉環綬相似。

另外，貴婦的髮髻之上還插有簪釵頭面，這些都是明代貴族婦女常用的飾物，其質料隨人的身分而定。

華麗綻放:時尚審美與精緻工藝

【旁注】

尤侗(西元 1618 年～ 1704 年):字展成,一字同人,早年自號三中子,又號悔庵,晚號良齋、西堂老人、鶴棲老人、梅花道人等,蘇州府長洲人,即現在的江蘇省蘇州市。明末清初著名詩人、戲曲家,曾被清順治譽為「真才子」;清康熙譽為「老名士」。著述頗豐,有《西堂全集》。

《金瓶梅》:也稱《金瓶梅詞話》,是中國史上第一部文人獨立創作的長篇白話世情章回小說。成書約在明朝隆慶至萬曆年間,作者署名蘭陵笑笑生。《金瓶梅》借《水滸傳》中武松殺嫂一段故事,描述了明代中期的社會生活,具有較深刻的社會價值。

陳洪綬(西元 1599 年～ 1652 年):字章侯,幼名蓮子,一名胥岸,號老蓮,別號小淨名、晚號老遲、悔遲,又號悔僧、雲門僧,浙江諸暨市楓橋鎮陳家村人。明末清初書畫家、詩人。一生以畫見長,堪稱一代宗師,名作〈九歌〉、《西廂記》插圖,以及〈水滸葉子〉、〈博古葉子〉等版刻等。

【閱讀連結】

明代女性整體造型基本呈「金字塔形」。這是因為她們下面的裙子一般都追求寬鬆,這就使得人的外形在裙底部位

最寬,越往上越向內收縮,而金字塔的頂尖,就收在髻的尖頭上。

〈明憲宗元宵行樂圖〉又名〈憲宗行樂圖〉,出自明代宮廷畫師之手,畫宮廷模仿民間習俗放爆竹、看雜劇的情景。畫中的宮妃形象,就是金字塔式造型。她們所戴的髻是圓錐狀,頂上是個尖頭,造型比一般民間所用的還要誇張,可見明代宮廷妃嬪衣著拘謹和一身「拙趣」。

華麗綻放：時尚審美與精緻工藝

清代服飾圖案的獨特美學與寓意

清代服飾圖案是中國傳統服飾文化中的一個龐大的圖案體系，以其眾多的品種和數量、深厚的思想內涵、獨特的藝術表現力，成為中國傳統服飾文化藝術領域中一個重要的組成部分。

比如清代皇帝的朝服，其紋樣主要為龍紋及十二章紋樣。一般在正前、背後及兩臂繡正龍各 1 條；腰帷繡行龍 5 條，折襉處前後各繡團龍 9 條；裳繡正龍 2 條、行龍 4 條；披肩繡行龍 2 條；袖端繡正龍各 1 條。

十二章紋樣為日、月、星辰、山、龍、華蟲、黼、黻八章在上衣上；其餘四種藻、火、宗彝、米粉在下裳上，並配用五色雲紋。

據文獻記載，清朝皇帝的龍袍，也繡有 9 條龍。從實物來看，前後只有 8 條龍，與文字記載不符，缺 1 條龍。其實這條龍客觀存在著，只是被繡在衣襟裡面，一般不易看到。這樣一來，每件龍袍實際為 9 條龍，而從正面或背面單獨看時，所看

見的都是 5 龍，與「九五」之數正好相吻合。

再如清代補服。補服也叫「補褂」，是清代主要的一種官服，補服中的圓形補子是區分官職品級的主要象徵。皇子，龍褂為石青色，繡五爪正面金龍 4 團，前後兩肩各 1 團，間以五彩雲紋。親王，繡五爪龍 4 團，前後為正龍，兩肩為行龍。郡王，繡有行龍 4 團，前後兩肩各 1 團。貝勒，繡四爪正蟒 2 團，前後各 1 團。貝子，繡五爪行蟒 2 團，前後各 1 團。

霞帔從宋代以來作為貴族婦女即命婦的禮服，隨品級的高低而不同。清代命婦禮服，以鳳冠、霞帔為之。清代霞帔演變為闊如背心，霞帔下施彩色旒蘇，是誥命夫人專用的服飾。中間綴以補子，補子所繡樣案圖紋，一般都根據其丈夫或兒子的品級而定，武官的母、妻不用獸紋而用鳥紋。

清代服飾圖案的藝術表現和裝飾作用達到了極高的藝術水準。它融合了之前歷代服飾圖案的精髓，滿族、漢族和其他少數民族相互影響、相互借鑒，使圖案具有形意結合、指物會意，以及以純粹的符號形式表現出多元的情感層面。

形意結合是指圖案的外形、造型。清代服飾圖案的取材多是圍繞著民眾社會中備受關注的現實問題，習慣將物質的或精神的功利目的視為創作的一種藝術追求。

比如，金玉滿堂，金魚和藻紋填滿圓形空間，借「玉」與

華麗綻放：時尚審美與精緻工藝

「魚」的諧音，「堂」與「塘」的諧音，組成金玉滿堂圖案，象徵富有、幸福，或人才出眾，學識淵博。

指物會意是指將人們對某些事物的感受與美好願望聯繫在一起，借助某些動物、花鳥、魚蟲等美好事物，以間接隱喻的形式展現對美好理想的追求。

比如，五福捧壽，五隻蝙蝠圍在一個壽字旁邊。古人有「五福」之說，一是長壽延年，二是富貴多財，三是健康安寧，四是積德行善，五是無病而終。表達對人生幸福的追求。

清代被廣泛使用的圖案還有：鶴、龜、松、柏、桃，喻意長壽；蝙蝠，喻意幸福；並蒂蓮花、雙飛燕、鴛鴦，喻意夫妻恩愛，永結同心；牡丹，喻意富貴；菊花，喻意千秋；瓶子喻意平安；葡萄、石榴、蓮蓬內多子，葫蘆、瓜的藤蔓不斷延伸生長，喻意多子多孫、家族昌盛；蝶戀花喻意男女愛情等等。

圖騰崇拜是一種原始的宗教形式，是萬物有靈信仰觀念的具體化表現。清代服裝上的圖騰符號也是一種古老的信仰、一種精神力量。

比如龍鳳呈祥，龍被尊稱為神聖吉祥之物，是中華民族從古至今圖騰的象徵。其造型融多種吉祥動物的特徵於一體：鹿角、牛頭、蟒身、魚鱗、鷹爪，口角旁有須髯，頷下有珠，牠能巨能細，能幽能顯，能興雲作雨，降妖伏魔。龍是英勇、

尊貴、權威的代表，鳳是真、善、美的化身，兩者結合則是太平盛世，高貴吉祥的表現。在民間把結婚之喜比作「龍鳳呈祥」，也是對富貴吉祥的希望和祝願。

總之，清代服飾圖案格調歡快風趣，喻意悠遠深刻，造型精美圓滿，已超越了單純的圖案形象，折射出民族的心理、情感、願望，體現出中華民族傳統服飾圖案的個性、民族特色和文化精神。

【旁注】

九五：九，謂陽爻；五，第五爻，指卦象自下而上第五位。九五代指中國古代的皇帝之位，皇帝乃上天之子，即中有正，古稱之為九五之尊。語本《易·乾》：「九五，飛龍在天，利見大人。」後因以「九五」指帝位。

誥命夫人：誥命又稱誥書，是皇帝封贈官員的專用文書。古代一品至五品的官員稱誥，六品至九品稱敕。明清時期形成了非常完備的誥封制度，一至五品官員授以誥命，六至九品授以敕命，夫人從夫品級，故世有「誥命夫人」之說。誥命夫人跟其丈夫官職有關。有俸祿，沒實權。

圖騰：記載神的靈魂的載體。是古代原始部落迷信某種自然或有血緣關係的親屬、祖先、保護神等，而用來做本氏族的

華麗綻放：時尚審美與精緻工藝

徽號或象徵。社會生產力的低下和原始民族對自然的無知是圖騰產生的基礎。運用圖騰解釋神話及民俗民風，是人類最早的文化現象。中國的圖騰一般為龍。

【閱讀連結】

清代服飾圖案可謂中國古代服飾文化的一大亮點，既具有中華民族傳統精神，又顯現出民族特色。而與之交相輝映、相得益彰的清代佩飾，無疑為清代服飾圖案增添了諸多色彩。

清代的佩飾種類及樣式都很多，形狀小巧，材質多樣，有翠玉、青金石、檀香木、金鉑、珊瑚、玻璃等不同材料。另外還有各種各樣的刺繡小品，比如香囊、香袋、扇套、火鐮袋、齋戒牌等。這些都是清代佩掛在腰間的佩飾，無論男女都作為隨身攜帶的賞玩之物，晚清尤為盛。

清代后妃的華貴飾物與宮廷妝容

清代努爾哈赤時期沒有后妃制度,當時稱之為「福晉」或「格格」。皇太極始定后妃之制。清代后妃作為一個特殊的群體,她們的髮式、飾物、妝容,具有顯著的民族特徵和獨特的風韻。

滿族婦女頭上又寬又長、似扇非扇、似冠非冠的頭飾十分引人注目,它的名字叫扁方,俗稱「髮式」,包括「水葫蘆」、「大拉翅」等名稱。

扁方是滿族婦女梳兩把頭時的主要首飾。橫插於髮髻之上的類似髮冠一樣的扁方長 32 公分至 33.5 公分,寬 4 公分左右,厚 0.2 公分至 0.3 公分。呈尺形,一端半圓,另一端似卷軸。其作用類似古代男子束髮時用的長簪,也許扁方就是由此而演變過來的。

扁方的質地多為白玉、青玉,少數為金、銀製品。王室貴族婦女用的扁方從質地到樣式製作都堪稱精美絕倫,在扁方僅一尺長的窄面上,透雕出的花草蟲鳥、瓜果文字、亭臺樓閣等

華麗綻放：時尚審美與精緻工藝

圖案惟妙惟肖，栩栩如生。

王妃貴婦們戴著扁方故意把兩端的花紋露出，以引人注意。在扁方上綴掛的絲線纓穗，據說是與腳上穿的花盆底鞋遙相呼應，使之行動有節，增添女人端莊秀美的儀態。每逢喜慶吉日或接待貴客等滿族婦女便要戴上扁方了。戴上這種寬長的扁方，限制了脖頸扭動，使之身體挺直，再加上長長的旗袍和高底旗鞋，使她們走起路來顯得分外穩重、文雅。

水葫蘆髮式俗稱「水鬢」，即挑下兩鬢微弱之髮，用刨花水傍耳根梳理成鉤形，豐頤面頰，相襯如桃花帶雨，格外美觀。

刨花水古稱黏頭樹，黏頭樹即榆樹。榆木刨成刨花，用熱水浸泡，便會滲出黏稠的液體來，後將此液灌入刨花缸，用小毛刷蘸取搽在頭髮上，光可鑒人，又便於梳理定型，且能散發出淡淡芬芳，還具有潤髮烏髮之功效。它是一種名副其實的天然綠色美髮用品。

清代后妃們就用蘸了刨花水的篦子抿頭髮。篦子是婦女梳頭時抹油等用的小刷子。據說慈禧太后就用過用榧子、核桃仁、側柏葉一同搗爛了，泡在雪水裡和刨花水兌著用。她因為是油性髮質，經常掉髮，當時的御醫還專門配了抿頭的方子，用了薄荷、香白芷、藿香葉、當歸等中藥。結果 70 多歲時，

慈禧的頭髮還像黑色的天鵝絨。

　　大拉翅又稱大京樣、大翻車、達拉翅。它以頭頂髮髻為「頭座」，在上面加戴青色素緞或紗絨架製成的髮飾，腦後也留「燕尾兒」。這種髮式清末流行於北京，而且越加越高，發展成類似後來「髮式板」的式樣，並在正面飾以花朵，側面懸掛流蘇，東北一些地區叫它「京樣」或「宮裝」。

　　大拉翅頭飾是形似一個扇面的硬殼，約尺把高。裡面是用鐵絲按造頭圍的大小做一圓箍，再用布袼褙做胎，外麵包上青緞子或青絨布，做成一個固定的裝飾性的大兩把頭，再插一些用青素緞、青絨、青直徑紗或絹製的花朵。需要時，戴在頭上即可，無需梳掠，不用時取下擱置一邊。既起到美飾頭髮的作用，又摘戴方便自如，可謂兩全其美。

　　因大拉翅以粗鐵絲做架，承重性較強，上面設有插簪、釵、流蘇、疙瘩針、耳挖勺、頭花等固定裝置，滿足了同時佩戴眾多首飾的需求。直到清末，大拉翅仍為滿族婦女的主要髮飾，無論官宦命婦、民間女子紛紛效仿。

　　上述的頭式除貴族婦女外，很少有人在日常這樣打扮。原因是既費時間又費勁兒，而且必須由別人幫助完成。梳好後不能隨意俯仰枕靠，無論站或坐都要直著脖子，雖然漂亮但並不舒服。民間除在婚禮等隆重場合或年輕姑娘媳婦過年時梳外，

很少能見得到。

簪子是滿族婦女梳各種髮髻必不可少的首飾。通常滿族婦女喜歡在髮髻上插飾金、銀、珠玉、瑪瑙、珊瑚等名貴材料製成的大挖耳子簪、小挖耳子簪、珠花簪、壓鬢簪、鳳頭簪、龍頭簪等。

簪子的種類雖然繁多，但在選擇時還要根據每個人的條件和身分來定。比如入關前，努爾哈赤的福晉和諸貝勒的福晉、格格們，使用製作髮飾的最好材料首選為東珠。兩百年後漸漸被南珠，即合浦珠所取代。

與珍珠相提並論的還有金、玉等為上乘材料，另外鍍金、銀或銅製，也有寶石翡翠、珊瑚象牙等等，做成各種簪環首飾，裝飾在髮髻之上，這若是同進關以後相比，就顯得簡單得多了。

清入關以後，由於受到漢族婦女頭飾的影響，滿族婦女，特別是宮廷貴婦的簪環首飾，就越發的講究了。如西元1751年乾隆皇帝為其母辦六十大壽時，在恭進的壽禮中，僅各種簪子的名稱就讓人瞠目結舌，如事事如意簪、梅英采勝簪、景福長綿簪等等。這些髮簪無論在用料上，還是在製作上，無疑都是精益求精的上品。

從清代后妃遺留下來的簪飾來看，簪分兩種類型。一是實

用簪,多用於固定髮髻和頭型用的。另一類為裝飾簪,多選擇質地珍貴的材料,製成圖案精美的簪頭,專門用於髮髻梳理後戴在明顯的位置上。

頭簪作為首飾戴在頭上,不僅起到美飾髮髻的作用,簪頭製成的寓意吉語還有托物寄情、表達心聲意願的美好追求。

滿族婦女除了簪子外,還普遍喜歡在髮髻上插飾花朵,將碩大的花朵戴在頭上歷來是滿族的傳統風俗。

頭花是簪發展而來的首飾。頭花大多由珍珠、寶石為原料,滿族婦女在梳頭時,把大朵頭花戴在兩把頭正中,稱為頭正,也有選用兩朵相同顏色和造型的分插兩把頭的兩端,俗稱壓髮花,又稱壓鬢花。

滿族婦女最偏愛的頭花當屬絨花,尤其是在女兒出嫁時,頭上必須戴紅色絨花,圖火紅吉利,據說漢語中的「絨花」,與滿語中的「榮華」近音,因此,便有戴絨花即為榮華富貴之意。

在滿族婦女中,只要條件允許,不僅婚禮喜慶日時要戴絨花,而且一年四季都願意頭戴絨花,求諧音吉祥。尤其到應時節序戴應季絨花:立春日戴春幡,清明日戴柳枝,端陽日戴艾草,中秋日戴桂花,重陽日戴茱萸,立冬日戴葫蘆陽生等等。

清宮后妃們的頭花,還有大批的絨花、絹花、綾花流存於

華麗綻放：時尚審美與精緻工藝

世，這些花色彩協調，暈色層次豐富，堪稱「亂真」之花。

清代遺留下來的絨、絹、綾、綢等質地的頭花有白、粉、桃紅三暈色的牡丹花，淺黃、中黃、深黃三色的菊花，白、藕、雪青三色的月季花及粉、白相間的梅花等等，歷時百年不久，仍鮮豔悅人。

勒子，俗稱「包頭」，北方人稱其為「腦包」，是一條中間寬兩頭窄的長條帶子，戴在額眉之間。清代婦女戴勒子，沿襲明代舊制。

明末清初，正是勒子盛行之時，無論宮廷貴婦還是民間女子都掀起遮眉勒熱，由於貧富之別，勒子的質地，以及勒子上綴的飾物都有所差別。這種遮眉勒在北方比較實用，因此流行起來經久不衰。除勒子外，還有一種金約，類似勒子形式，但比勒子還要窄些。

流蘇是滿族婦女十分喜愛的首飾，其造型近似簪頭，但在簪頭的頂端垂下幾排珠穗，隨人行動，搖曳不停。

滿族婦女所喜愛的流蘇，多種多樣。頂端有鳳頭的、雀頭的、花朵的、蝴蝶的、鴛鴦的、蝙蝠的等等。下垂珠串有一層、二層、三層不等。

現在北京故宮珍寶館展出的清代后妃首飾中，有一件「穿米珠雙喜字流蘇」，它是皇帝大婚時皇后戴的。頂端是一羽毛

點翠的蝙蝠，蝙蝠嘴裡銜著兩個互套在一起的小金環，連接著一個羽毛點翠的流雲如意頭。如意頭下平行綴著3串珍珠長穗，每串珠又平均分成三層，每層之間都用紅珊瑚雕琢的雙喜字間隔。串珠底層用紅寶石作墜角。整個流蘇自頂端到墜角長28公分，是流蘇中較長的一種。這種長流蘇一般歪插在髮髻頂端，珠穗下垂，剛好與肩膀平。

清代步搖大多採用了明代焊接製作新工藝方法。現存實物中有一件「點翠嵌珠鳳凰步搖」，就是使用了金屬焊接作底托，鳳身用翠鳥羽毛裝飾，其眼與嘴巴用紅色寶石、雪白的米珠鑲嵌，兩面嵌紅珊瑚珠。鳳身呈側翔式，尖巧的小嘴上銜著兩串十多公分長的小珍珠，墜角是一顆顆翠做成的小葫蘆。整個步搖造型輕巧別致，選材精良，實為罕見。

清宮后妃以滋養皮膚為主，化淡妝。使用的化妝品，分為化妝與護膚兩種。化妝包括香粉、胭脂、唇膏、黛石等。香水、花露油屬於護膚化妝品。

清宮后妃春秋兩季用蘇州和杭州產的宮粉敷面，還有南京和揚州的胭脂塗腮、點唇。這兩種化妝品都是用自然植物加中藥和含有少量的鉛白粉配製成。

康乾年間，英法等國經廣東粵海關向清宮恭進許多丁香油、檀香油、玫瑰油等天然香料。

華麗綻放：時尚審美與精緻工藝

愛美是人的天性。生活在清代宮廷的女人，上至皇后下至宮女，自被入選進宮的那一天起，都把命運與「美」連在一起。

康熙初年，其祖母孝莊皇太后就為清宮后妃、女子的衣著化妝立下嚴格的制度，宮女平時不許塗脂抹粉，打扮妖豔，后妃化妝要得體，衣著首飾有等級，面色化妝如清新、自然、得體，每張面孔都應像寶石、玉器那樣，由裡而外透著滋養的潤澤。為了培養光潔的肌膚，只許晚上搽粉，白天要洗掉，伺候皇后及各宮主位，不能喧賓奪主。

清宮后妃的打扮，都要受這些規矩的約束，言談舉止，矜持典雅，行動坐臥有節含蓄，儀錶修飾要遵從三從四德，更要與自己的身分等級相輔相成。

皇帝是一國之君，皇帝的權力「神」授予的，皇帝是集人、神於一體，清宮內的一切都是以這個中體為軸心而轉動，皇后、妃嬪如眾星拱月一樣分布在皇帝左右陪襯著。因而后妃除了要忠誠、溫柔、體貼、善解人意外，還應具備雍容大度的儀表，婦德純情，婦容要想春天永駐，這樣帶給皇帝的永遠是一片春意盎然、如花似玉、笑口常開的自然美。

隨著社會的發展，到了近現代，中國婦女的髮型、飾物、妝容則可以隨意改變，種類繁多，廣大女性可以依照自己的意願隨意選擇自己喜愛的化妝髮式。

【旁注】

清代后妃：清代將后妃分為八等級，分別為：皇后，皇貴妃，貴妃，妃，嬪，貴人，常在，答應。還有最小的官女子，就是可以陪皇帝過夜的宮女。每個皇帝的妃嬪數目有很大差異，比如康熙皇帝擁有後宮嬪妃等 79 人，而光緒皇帝只有一后二妃三人。

旗鞋：指的是清代花盆底鞋。滿族婦女的鞋稱為「旗鞋」，極富特色。由於滿族婦女從小騎馬，從不裹腳，她們習慣穿這種鞋，尤其是貴族婦女，普遍穿這種鞋，所以稱為「旗鞋」。旗鞋以木為底，史稱「高底鞋」，或稱「花盆底」鞋、「馬蹄底」鞋。

袼褙：是以舊布片黏貼而成的布殼子，是過去農村婦女做鞋的必備材料。「打袼褙」時，在平光的木版上，用糨糊一層層黏貼舊布片，貼好後將其放到室外晾曬，待乾後從板面上揭下來就成了袼褙。有了袼褙、布料和鞋樣兒就可以開始做鞋了。

東珠：滿語為「塔娜」。清代產於東北地區的珍珠稱為東珠或北珠，用於區別產自南方的南珠。它產於黑龍江、烏蘇里江、鴨綠江及其流域。東珠鑲嵌在表示權利和尊榮的冠服飾物上，以鑲嵌多少東珠，表示身分並顯現皇家的權威。

華麗綻放：時尚審美與精緻工藝

春幡：舊俗於立春日或掛春幡於樹梢，或剪繒絹成小幡，連綴簪之於首，以示迎春之意。中國古代女性們立春節時佩戴春幡首先是作為避邪之物，具有禳凶邪、求吉利的寓意。清代粵北、粵東客家「簪春花」習俗，實際就是古老的戴春幡的原本表現。

孝莊（西元 1613 年～1688 年）：博爾濟吉特氏，名布木布泰。科爾沁部貝勒寨桑次女。謚曰「孝莊仁宣誠憲恭懿至德純徽翊天啟聖文皇后」。是中國歷史上有名的賢后，一生培養、輔佐順治、康熙兩代君主，是清初傑出的女政治家。

【閱讀連結】

慈禧愛美成癖，一生喜歡豔麗服飾，尤其偏愛紅寶石、紅珊瑚、翡翠等質地的牡丹簪、蝴蝶簪。慈禧 27 歲便成了寡婦。按滿族的風俗，妻子為丈夫要戴重孝，釋服 27 個月。頭上的簪子要戴不經雕飾的，骨質的，或光素白銀的。慈禧下旨令造辦處趕打一批銀製、灰白玉、沉香木等頭簪。於是，這批素首飾陸續送到慈禧面前。

慈禧每天勉強插戴，極不情願。釋服期滿，這批首飾全部被打入冷宮。慈禧又戴上精湛華貴的豔麗頭簪，直到老年此習不改。

清代后妃的華貴飾物與宮廷妝容

國家圖書館出版品預行編目資料

鳳冠霞帔，佩飾藝術與文化內涵：權力、榮耀與愛情交織，一襲嫁衣，承載千年風華 / 肖東發 主編, 鍾雙德 編著 . -- 第一版 . -- 臺北市：複刻文化事業有限公司 , 2025.02
面； 公分
POD 版
ISBN 978-626-7671-40-5(平裝)
1.CST: 服飾 2.CST: 佩飾 3.CST: 婚姻習俗 4.CST: 文化研究 5.CST: 中國
538.182　　　　　　　114001589

電子書購買

爽讀 APP

鳳冠霞帔，佩飾藝術與文化內涵：權力、榮耀與愛情交織，一襲嫁衣，承載千年風華

臉書

主　　　編：	肖東發
編　　著：	鍾雙德
發 行 人：	黃振庭
出 版 者：	複刻文化事業有限公司
發 行 者：	崧燁文化事業有限公司
E - m a i l：	sonbookservice@gmail.com
粉 絲 頁：	https://www.facebook.com/sonbookss/
網　　址：	https://sonbook.net/
地　　址：	台北市中正區重慶南路一段 61 號 8 樓
	8F., No.61, Sec. 1, Chongqing S. Rd., Zhongzheng Dist., Taipei City 100, Taiwan
電　　話：	(02) 2370-3310　　傳　　真：(02) 2388-1990
印　　刷：	京峯數位服務有限公司
律師顧問：	廣華律師事務所 張珮琦律師

-版權聲明-

本書版權為大華文苑出版社所有授權複刻文化事業有限公司獨家發行繁體字版電子書及紙本書。若有其他相關權利及授權需求請與本公司聯繫。
未經書面許可，不可複製、發行。

定　　價：299 元
發行日期：2025 年 02 月第一版
◎本書以 POD 印製